RESTAURADO

Experimenta la vida con Cristo

Dr. Neil T. Anderson

Edición revisada y actualizada

Restaurado
© Primera edición 2012

Edición 2021
Libertad en Cristo Internacional
4 Beacon Tree Plaza, RG2 9RT Reading Berks, United Kingdom
www.libertadencristo.org

Originalmente publicado en inglés con el título:
Restored
© 2007 por Neil T. Anderson
Publicado por e3 Resources
Franklin, TN 37064

Esta edición es publicada por acuerdo especial con Neil T. Anderson.

Traducción: Simonette Sánchez de Cherepanov y Robert Reed
Edición: Nancy Maldonado Araque
Maquetación interior y diseño portada: Montserrat Aparicio y Jemima Taltavull

ISBN 978-1-913082-56-7

Elogios para *Restaurado - Experimenta la Vida con Cristo*

«Innumerables personas han encontrado una libertad genuina en Cristo a través de la perspicacia que Dios le ha dado a Neil Anderson».
Kay Arthur
Vicepresidente Ejecutivo de Precept Ministries Int'l

«Restaurado de Neil Anderson está lleno de principios bíblicos, simples y claros, que pueden guiar a cualquiera a la libertad espiritual. El Espíritu Santo me ministró a medida que lo leí. Este es un excelente libro para compartir. ¡Yo te lo recomiendo!»
Dr. Paul Cedar
Presidente de Mission America Coalition

«Restaurado es una herramienta indispensable para todo el que desee vivir una vida libre de hábitos dañinos y un pasado doloroso».
Hui Lin Chen
Director de Campus Crusade Asia Limited Media

«Me anima el saber que miles de personas han sido transformadas profundamente a través del ministerio de Neil Anderson. Lo que me impresiona a mí de él es su amor por Cristo, su conocimiento profundo de la palabra de Dios y su compasión por la gente».
Steve Douglass
Presidente de Campus Crusade for Christ (Ágape)

«Después de haber vivido 50 años como Cristiano, y después de haber sido profesor de Biblia y Teología durante más de 25 años, me tomó dos horas trabajar cuidadosamente a través de Los Pasos hacia la Libertad en Cristo de Anderson (la base de Restaurado). Dios usó ese proceso para impartir en mí un sentido maravilloso y refrescante de libertad, paz, gozo y compañerismo con él».*
Wayne Grudem
Profesor de Teología, Seminario de Phoenix

«Neil Anderson representa a Cristo como el campeón de los quebrantados. Restaurado es un mensaje repleto de redención y gracia regeneradora que provee el despliegue de un futuro de restauración y recuperación completa».
Jack W. Hayford
Presidente de International Foursquare Churches
Rector de The King's College and Seminary

* Anderson, Neil. *Praying By The Power of the Spirit*. Regal Books, Ventura, California. 2003

Dedico este libro a la memoria del doctor

Dr. Stephen King

Este humilde misionero fue médico psiquiatra, devoto hombre de familia y miembro directivo del Ministerio de Libertad en Cristo. Él creyó en el mensaje de este libro y en el trabajo restaurador del Admirable Consejero y Médico supremo.

Stephen está ahora en la presencia de Dios, con las miles de personas que él llevó al Señor, a quienes asistió médicamente y como consejero. Su devota esposa, Judy, y el resto de los que hemos sido bendecidos por la obra de Dios en su vida, nos reuniremos con él en la eternidad. Gracias, Dr. Stephen King, por tu vida ejemplar en el servicio cristiano.

TABLA DE CONTENIDO

Introducción

«Si Cristo hubiese sido demasiado orgulloso para morir, no nos podría haber ayudado, ya que nuestro pecado esencial es el orgullo. Es así que Pablo y otros argumentan que cuando Cristo se entregó a sí mismo sin orgullo, él pagó por el pecado de arrogancia de Adán. Si todo esto es verdad, entonces constituye ciertamente el hecho más trascendental de la existencia humana. Cristo, el terapeuta gratuito de la humanidad, nos ha dado el regalo de la salvación por gracia y eso es, desde luego, una postulación osada».

— Rollo May

«Se ha cumplido el tiempo. El reino de Dios está cerca. ¡Arrepentíos y creed las buenas nuevas!»[1]

— Jesús

Has tomado la decisión más importante de tu vida, o quizás todavía estés contemplando lo que verdaderamente significa ser cristiano. En el momento que decidas confiar en la obra salvadora de nuestro Señor Jesucristo, te convertirás en una nueva criatura en él,[2] y serás espiritualmente trasladado del reino de las tinieblas al Reino de Dios;[3] y entrarás a la vida eterna. Aunque puede que sientas que no ha ocurrido un gran cambio, tu vida y tu destino habrán cambiado para siempre.

Millones de personas antes que tú, han tomado la misma decisión y forman parte del plan de Dios para restaurar a la humanidad caída. Dios te conoce y te ha amado desde antes de que nacieras. Él te ha preparado un lugar en su reino y tiene un plan particular para ti.[4] Si ya lo has recibido como tu Señor (la máxima autoridad) y Salvador (el que te libera) descubrirás el propósito eterno y el significado de tu vida.

La salvación es mucho más que un mero conocimiento de por qué estamos aquí. Si estás dispuesto a arrepentirte y a creer en el Evangelio, descubrirás que Jesucristo es el Admirable Consejero y Médico supremo. Él vino a liberar a los cautivos y a vendar a los quebrantados de corazón. Jesucristo, es el «terapeuta gratuito de la humanidad». El propósito de este libro es demostrarte que en Cristo tú vives y eres libre, a través de un arrepentimiento genuino y fe en Dios. Jesucristo te ama y desea que cumplas tu destino como hijo liberado o hija liberada por Dios.

Capítulo Uno
LA HISTORIA DE LA REDENCIÓN

Hemos aprendido de la historia que la mayoría de las personas no han aprendido mucho de la historia. Y los que no aprenden, están destinados a cometer los mismos errores una y otra vez. Aquellos que han aprendido la verdad a través de sus antepasados, saben que la historia no es otra cosa que el despliegue de su historia de gracia y amor por toda la humanidad. Para poder entender cuál es su plan para ti, tenemos que ir al principio de la historia de la humanidad.

LA CREACIÓN

«Dios, en el principio, creó los cielos y la tierra»,[5] son las primeras palabras en la Biblia. Dios es Espíritu y es infinito, eterno e inalterable en sabiduría, poder y santidad. Él existía cuando el mundo físico era sólo una idea. Hubo un momento en el tiempo, cuando Dios creó toda materia física y todas las criaturas vivientes. Fue entonces que él creó a Adán y a Eva a su imagen. Ellos tenían señorío sobre los peces del mar, las aves de los cielos y las bestias de la tierra.[6] Ejercían dominio sobre el resto de la creación y debían ser fructíferos para así multiplicarse y poblar la tierra.

Adán y Eva estaban físicamente vivos, lo que significa que sus almas estaban en unión con sus cuerpos. Estaban espiritualmente vivos, por lo tanto sus almas estaban en unión con Dios. Debido a que fueron creados a la imagen de Dios, ellos podían pensar, sentir y tomar decisiones, a diferencia de todas las otras criaturas que están físicamente vivas y que se desenvuelven por instinto divino.

Adán y Eva se sentían aceptados, tenían un sentido de seguridad y eran importantes. Tenían un sentido de pertenencia a

Dios y de pertenencia mutua. Estaban desnudos y no se avergonzaban porque no tenían nada que ocultar. Ellos podían comer libremente del árbol de la vida lo cual les permitiría vivir para siempre, manteniéndose en unión con Dios.

Antes de la creación de la humanidad, un ángel magnífico llamado Lucifer se rebeló contra Dios y por ello cayó del cielo, llevándose consigo un tercio de los ángeles. Lucifer significa «portador de luz», pero él no reflejó más la gloria de Dios. Se convirtió en Satanás o el diablo y reina sobre su camada de ángeles caídos, a los cuales la Biblia llama demonios. Debido a sus celos por la posición que fue dada a Adán y a Eva, Satanás tentó a Eva para que comiera del fruto prohibido. Ella, a su vez, persuadió a Adán para que también comiera, pecando juntos al rebelarse contra Dios.

LA CAÍDA

Las consecuencias fueron inmediatas. Adán y Eva murieron espiritualmente. El pecado los separó de Dios y sus almas se separaron de su Padre celestial. Se mantuvieron físicamente vivos, pero su muerte física sería eventualmente la consecuencia de su pecado.

Adán y Eva tuvieron que forjar su identidad por sí mismos y buscar el significado y el propósito de sus vidas independientemente de su Padre celestial. Tuvieron que apoyarse en sus propias fuerzas y en sus propios recursos porque la vida de Dios ya no estaba en ellos. Eran como un coche sin gasolina, luchando por encontrar el propósito y el significado para sus vidas en su estado natural, lo cual sigue siendo una realidad para aquellos que no tienen una relación con Dios.

Toda persona natural trata de conseguir su propósito en la vida como ese coche sin gasolina. ¿Estará en la belleza del coche; o en la comodidad de los asientos, o en la calidad del equipo de sonido, o las luces, o el sonar de la bocina? Pero eso no es para lo cual el coche fue creado. Su propósito es proporcionar transporte. Sin gasolina el coche puede que luzca, suene, huela o se sienta bien, pero no podrá realizar el propósito para el cual fue creado. Lo mismo sucede con los seres humanos, a menos que tengamos la vida de Cristo en nuestro ser.

Debido a la caída, cada descendiente natural de Adán y Eva nace vivo físicamente, pero muerto espiritualmente. [7] Además, el mundo entero fue afectado por su rebelión, y toda la creación gime anhelando el día de salvación. [8] Ese día está por llegar, porque Dios inmediatamente maldijo al diablo y prometió que de un descendiente de Eva vendría el Salvador, el cual aplastaría la cabeza de Satanás. [9]

El plan de Dios, fue primeramente mostrar a la humanidad su necesidad de un Salvador. Él nos reveló esta necesidad al instituir un sistema de sacrificios, mediante el cual alguien tendría que pagar el castigo de nuestros pecados. A través de Moisés, Dios nos dio la ley moral para gobernar nuestro comportamiento. Sin embargo, ningún animal nos puede dar vida espiritual y nadie podía vivir de acuerdo a la ley. Por lo tanto, él envió profetas para animar a su pueblo a vivir justamente de acuerdo a las leyes de Dios. Estos profetas también nos revelaron la palabra de Dios y registraron la historia de su plan salvador. Los libros del Antiguo Testamento registran la historia de la creación y la caída de Adán y Eva. También muestran los intentos inútiles de la humanidad para encontrar su propósito, el significado de la vida y su intento de vivir de forma independiente de Dios.

Dios llamó a Abraham a que saliera de la tierra de Ur (que hoy en día es Irak) para ir a la tierra prometida de Israel. Dios hizo un pacto incondicional con Abraham y le prometió que a través de su descendencia todas las naciones del mundo serían bendecidas. El Mesías vendría de uno de sus descendientes. A través del profeta Moisés, Dios hizo un pacto condicional de ley, prometiendo bendecir a los que la cumplieran, pero ninguno pudo. Por siglos el pueblo de Dios trató sin éxito de vivir bajo la ley, la cual se convertiría en el tutor que Dios puso para llevarnos a Cristo,[10] el Mesías prometido.

EL EVANGELIO

Cuando parecía que no había ninguna esperanza para la humanidad y el momento adecuado había llegado, Dios envió a su Hijo Jesús. Jesús nació de forma sobrenatural de la Virgen María y, como Adán, nació físicamente y espiritualmente vivo. Jesús es la Palabra de Dios preexistente, quien se hizo carne y vivió entre nosotros. Jesús es co-igual con el Padre y con el Espíritu Santo, y juntos conforman al único Dios verdadero. Mientras estuvo en la tierra Jesús siguió siendo completamente Dios, pero también fue completamente humano. Ninguna persona puede convertirse en Dios, pero Dios puede tomar, y lo hizo, la forma de un ser humano. Jesús vino por tres razones principales.

Primero, él vino para darnos ejemplo, para que sigamos Sus pasos. Jesús nos mostró cómo una persona espiritualmente viva puede vivir una vida recta. Y lo hizo al demostrar una vida totalmente dependiente de su Padre celestial. [11] Toda tentación es un intento de hacernos vivir de forma independiente de Dios. Jesús fue tentado en todo, pero a diferencia de Adán, él nunca pecó. Su perfección sin pecado hizo de Jesús el único sacrificio posible por nuestros pecados. Ningún otro sacrificio, animal o humano, podía llevarlo a cabo.

> Toda tentación es un intento de hacernos vivir de forma independiente de Dios.
>
> ❧

El pecado había separado a la humanidad de Dios, y la paga del pecado es la muerte. [12] Así que Jesús murió en la cruz por nuestros pecados para que así pudiéramos ser perdonados. De acuerdo a la ley del Antiguo Testamento no hay perdón de pecados sin el derramamiento de sangre. [13] Al morir y derramar su sangre, Jesús eliminó la enemistad que existía entre Dios y la humanidad. «Al que no cometió pecado alguno [Jesucristo], por nosotros Dios lo trató como pecador, para que en él recibiéramos la justicia de Dios».[14] Sin embargo, el saber que nuestros pecados han sido perdonados no es suficiente.

Segundo, Jesús no sólo vino a morir en la cruz por nuestros pecados, sino también para ser resucitado para que nosotros pudiésemos tener una nueva vida eterna (es decir, espiritual) en Cristo. Eso significa que nuestras almas están de nuevo unidas con Dios. Lo que Adán y Eva perdieron en la caída fue vida y lo que Jesús vino a darnos fue vida. [15] Jesús es «el pan de vida».[16] Él es «el camino, la verdad, y la vida».[17] Él es el único camino de vuelta a Dios. «De hecho, en ningún otro hay salvación, porque no hay bajo el cielo otro nombre dado a los hombres mediante el cual podamos ser salvos».[18] Jesús es la verdad y si conoces la verdad, la verdad te hará libre. [19] Jesús dijo: «Yo soy la resurrección y la vida; el que cree en mí vivirá [espiritualmente], aunque muera [físicamente]; y todo el que vive y cree en mí, no morirá jamás [espiritualmente]».[20]

SALVO POR LA GRACIA DE DIOS MEDIANTE LA FE

La única forma de apropiarnos de esta vida nueva es entregando nuestra fe y confianza completamente a Dios y dependiendo únicamente de la obra que Cristo hizo para salvarnos. «Porque por gracia habéis sido salvados mediante la fe; esto no procede de vosotros, sino que es el regalo de Dios, no por obras, para que nadie se jacte».[21] Si nunca has recibido este regalo gratuito de Dios, ¿por qué no lo haces ahora mismo? Dios conoce tu corazón, y puedes hablar con él con esta oración:

> *Querido Padre celestial, gracias por enviar a Jesús a morir en la cruz por mis pecados. Yo reconozco que he pecado y que no puedo salvarme a mí mismo. Yo creo que Jesús vino para darme vida eterna y espiritual, y por fe ahora decido recibirte en mi vida como Señor y Salvador. Por el poder de Tu presencia que mora en mí, capacítame para ser la persona que tú me diseñaste a ser. Concédeme arrepentimiento que me lleve al conocimiento de la verdad, para que pueda experimentar mi nueva identidad y libertad en Cristo y sea transformado por la renovación de mi mente. En el precioso nombre de Jesús. Amén.*

El apóstol Juan escribió, «Mas a cuantos le recibieron, a los que creen en su nombre, les dio el derecho de ser hijos de Dios».[22] «Fijaos qué gran amor nos ha dado el Padre, que se nos llama hijos de Dios!»[23] Jesús instruyó a sus discípulos a dirigir sus oraciones al «Padre nuestro que estás en el cielo»,[24] lo cual también significa que somos Sus hijos. El saber quién eres como hijo/hija de Dios es esencial para tu crecimiento en Cristo y para llegar a ser la persona que Dios desea que seas. Ninguna persona pueda comportarse habitualmente de forma contraria a lo que cree acerca de sí mismo.

Es por eso que el Espíritu Santo da testimonio a nuestro espíritu, de que somos hijos de Dios.[25] Nuestro Padre celestial quiere que sepamos que somos Sus hijos.

Sin embargo Jesús no vino sólo a morir por nuestros pecados y a darnos vida nueva en él, sino también a suplir todas nuestras necesidades conforme a Sus riquezas en gloria en Cristo Jesús.[26] Él nos dio vida, y esta vida nos da nuestra verdadera identidad como hijos de Dios. Él restaura nuestras necesidades de importancia, seguridad y aceptación de la siguiente manera:

EN CRISTO

Soy importante: Renuncio a la mentira de que soy insignificante, inadecuado, sin esperanza. En Cristo soy muy importante y especial. Dios dice que:

- Soy la sal de la tierra y la luz del mundo. [Mateo 5:13,14]
- Soy una rama de la vid verdadera, unido a Cristo , y un canal que transporta su vida. [Juan 15:1-5]
- Dios me ha elegido y destinado para llevar mucho fruto. [Juan 15:16]
- Soy testigo personal de Cristo, capacitado por el Espíritu Santo. [Hechos 1:8]
- Soy templo de Dios. [1 Corintios 3:16]
- Estoy en paz con Dios; Él me ha encargado trabajar para que otros encuentren paz con él. Soy ministro de reconciliación. [2 Corintios 5:17-21]
- Soy colaborador con Dios. [2 Corintios 6:1]
- Estoy sentado en lugares celestiales con Cristo Jesús. [Efesios 2:6]
- Soy hechura de Dios, creado para buenas obras. [Efesios 2:10]
- Puedo acercarme a Dios con libertad y confianza. [Efesios 3:12]
- Puedo hacer todo por medio de Cristo que me fortalece [Filipenses 4:13]

Tengo plena seguridad: Renuncio a la mentira que soy culpable, des-protegido, estoy solo o abandonado. En Cristo tengo total seguridad. Dios dice que:

- Estoy exento para siempre de cualquier condenación (castigo). [Romanos 8:1,2]
- Todas las cosas cooperan para el bien de los que aman a Dios. [Romanos 8:28]
- Estoy libre de cualquier acusación contra mí. [Romanos 8:31-34
- Nada puede separarme del amor de Dios. [Romanos 8:35-39]
- Dios me ha afirmado, ungido y sellado. [2 Corintios 1:21-22]
- Dios perfeccionará la buena obra que comenzó en mí. [Filipenses 1:6]
- Soy ciudadano del cielo. [Filipenses 3:20]
- Estoy escondido con Cristo en Dios. [Colosenses 3:3]
- No se me ha dado espíritu de timidez, sino de poder, de amor y

de dominio propio. [2 Timoteo 1:7]
- Puedo obtener gracia y misericordia en tiempos de necesidad. [Hebreos 4:16]
- He nacido de Dios y el maligno no me puede tocar. [1 Juan 5:18]

Soy aceptado: Renuncio a la mentira que soy rechazado, no amado o sucio. En Cristo, soy completamente aceptado. Dios dice que:

- Soy hijo de Dios. [Juan 1:12]
- Soy amigo de Cristo [Juan 15:15]
- He sido aceptado y hecho santo (justificado) por Dios. [Romanos 5:1]
- Estoy unido al Señor, en un solo espíritu con él. [1 Corintios 6:17]
- He sido comprado por precio - pertenezco a Dios. [1 Corintios 6:19,20]
- Soy miembro del cuerpo de Cristo, parte de su familia. [1 Corintios 12:27]
- Soy uno de los santos de Jesucristo. [Efesios 1:1]
- He sido adoptado como hijo de Dios. [Efesios 1:5]
- Tengo acceso directo a Dios por el Espíritu Santo. [Efesios 2:18]
- He sido rescatado (redimido) y perdonado de todos mis pecados. [Colosenses 1:14]
- Estoy completo en Cristo. [Colosenses 2:10]

Estas declaraciones son verdaderas porque estamos unidos con Dios. Esta nueva vida en Cristo, que implica nuestra unión con Dios, la vemos mencionada en la Biblia como el estar «en Cristo» o «en él». Por cada versículo en la Biblia que indica que Dios está en sus hijos, hay diez versículos que mencionan que sus hijos están «en Cristo». Por ejemplo, en los seis capítulos de la carta a los Efesios, podemos encontrar cuarenta referencias de estar «en Cristo». En el Nuevo Testamento hay un total de 27 libros. Los cuatro primeros son históricos y se llaman los evangelios, los cuales describen el nacimiento, la vida, la muerte, el entierro y la resurrección de Cristo. El quinto libro es el de los Hechos de los Apóstoles, el cual es un libro histórico que representa la vida de la iglesia primitiva y las obras de los apóstoles, los cuales escribieron el resto del Nuevo Testamento bajo la inspiración del Espíritu Santo. Estas epístolas proveen instrucción a la iglesia, la cual es el cuerpo vivo de Cristo. La Biblia entera fue escrita en un período de 1.400 años por cuarenta autores diferentes que escribieron bajo la inspiración de Dios. La Biblia es, por lo tanto, la Palabra de autoridad completa para la vida y práctica de todo el pueblo de Dios.

Después de que Jesús fue resucitado, él se apareció a Sus discípulos y a cientos de personas que estaban con vida cuando se escribió el Nuevo Testamento. [27] Él estuvo con ellos durante aproximadamente cincuenta días y luego regresó a su hogar en el cielo. Él está sentado a la diestra de Dios Padre, que es el trono espiritual y el asiento de autoridad para el universo. Después de que Jesús fue glorificado en el cielo, el Espíritu Santo fue enviado a todos los que creían en la obra final de Jesús. El derramamiento del Espíritu Santo tomó lugar el día de la fiesta judía de Pentecostés, que marca el comienzo de la Iglesia. El Espíritu Santo es el Espíritu de Verdad [28] y mora en cada creyente desde el momento que nace de nuevo espiritualmente. El Espíritu Santo te guiará a toda la verdad, y esta verdad te hará libre.

LA DERROTA DE SATANÁS

Hay una tercera razón por la cual Jesús vino al mundo. Él vino para deshacer las obras del diablo. [29] Cuando Adán y Eva pecaron, perdieron su dominio sobre la tierra y Satanás se convirtió en el usurpador de la autoridad. Jesús se refirió al diablo como el príncipe de este mundo [30] pero prometió que sería echado fuera. [31] El apóstol Juan escribió que el mundo entero está bajo el poder del maligno [32] porque él engaña al mundo entero. [33] Pero Cristo desarmó a Satanás [34] cuando derrotó al pecado y a la muerte en la cruz con su muerte y resurrección.

El saber que Satanás y sus demonios han sido derrotados es una parte tan importante del evangelio como saber que tus pecados te son perdonados y que tienes una nueva vida en Cristo. Por todo el mundo, Satanás y sus demonios aterrorizan a la gente. Satanás es el padre de la mentira,[35] que esclaviza a la gente. Las religiones falsas de este mundo tratan de apaciguarlo y de manipular el mundo espiritual mediante la adoración satánica y los conjuros de sus chamanes. Satanás desea que le temamos porque desea ser venerado por encima de Dios. Pero sólo Dios es digno de adoración porque él sólo es omnipotente (todo poderoso), omnipresente (está en todo lugar), y omnisciente (todo lo sabe) y cada creyente verdadero está sentado con Cristo en los lugares celestiales,[36] que son el ámbito espiritual.

Toda autoridad ha sido dada a Jesús en el cielo como en la tierra,[37] por tanto tenemos su autoridad para ir al mundo y hacer discípulos [38] y enseñarles a creer todo lo que él dijo. Eso significa que Satanás no tiene autoridad sobre ninguno de los hijos de Dios. Debido a nuestra unión con Dios, tenemos la autoridad y el poder de hacer la voluntad de Dios. Poder es la habilidad de gobernar, y autoridad es el derecho a gobernar. En Cristo tenemos ambos. Es por eso que el apóstol Pablo escribió, «Por último, fortaleceos con el gran poder del Señor».[39] Como hijos de Dios, vivimos por fe en Dios, en su fuerza y en su autoridad. Si intentamos hacer su voluntad en nuestras propias fuerzas y en nuestra propia autoridad, fracasaremos miserablemente. No tenemos autoridad espiritual para hacer nuestra propia voluntad independientemente de nuestro Padre celestial, pero tenemos la autoridad de hacer la voluntad de Dios, y esta autoridad incluye el reino de las tinieblas, con Satanás y todos sus demonios.

> El poder es la habilidad de reinar, y la autoridad es el derecho a reinar. En Cristo tenemos ambos.
>
> ෴

UN LLAMADO AL ARREPENTIMIENTO

La instrucción de Pablo a la iglesia incluye más que el creer en Dios. El también enseñó «que se arrepintieran y se convirtieran a Dios, y que demostraran su arrepentimiento con sus buenas obras».[40] El apóstol Pedro le dijo a la iglesia primitiva, «Arrepentíos y bautizaos cada uno de vosotros en el nombre de Jesucristo para perdón de vuestros pecados y recibiréis el don del Espíritu Santo. En efecto, la promesa es para vosotros, para vuestros hijos y para todos los que están lejos, es decir, para todos aquellos a quienes el Señor nuestros Dios quiera llamar».[41] La circuncisión era un signo del pacto de la ley del Antiguo Testamento, y el bautismo es un signo del pacto de gracia del Nuevo Testamento, el cual identifica al creyente con la vida, muerte, entierro, y resurrección de Cristo.

Somos salvos por la gracia de Dios a través de la fe en la obra completa de Cristo, pero si queremos experimentar nuestra nueva vida y la libertad en Cristo y crecer por la gracia de Dios, debemos arrepentirnos de nuestros pecados. El resto de este libro te guiará a través del proceso de arrepentimiento. Si eres completamente sincero con Dios en este proceso, sentirás su presencia en tu vida al terminar: «Y la paz de Dios, que sobrepasa todo entendimiento, cuidará vuestros corazones y vuestros pensamientos en Cristo Jesús».[42]

También te exhortamos a ser bautizado en la iglesia local y declarar públicamente tu fe en Jesús: «si confiesas con tu boca que Jesús es el Señor, y crees en tu corazón que Dios le levantó de entre los muertos, serás salvo. Porque con el corazón se cree para ser justificado, pero con la boca se confiesa para ser salvo».[43]

Capítulo Dos

CÓMO VENCER UNA ORIENTACIÓN FALSA (Paso 1)

Si realmente deseas experimentar libertad en Cristo, el primer paso es renunciar a la participación pasada o presente en cualquier actividad o grupo que niegue a Jesucristo, que ofrezca dirección a través de recursos contrarios a la Palabra de Dios, o que requiera ceremonias o pactos secretos. La Biblia nos enseña que «quien encubre su pecado jamás prosperará; quien lo confiesa y lo deja, halla perdón».[44] Renunciar significa abandonar o prescindir de algo o de alguien. El primer paso hacia el arrepentimiento es renunciar, es decir, alejarse de algo y moverse hacia otra cosa. Literalmente, arrepentimiento significa un cambio de parecer, pero es mucho más exhaustivo en su aplicación.

Cuando los fariseos y los saduceos vinieron para que Juan los bautizara, «les advirtió, '¡Camada de víboras! ¿Quién os dijo que podríais escapar del castigo que se acerca? Producid frutos que demuestren arrepentimiento. [45]

Jesucristo sabía que su arrepentimiento no era completo. Ellos deseaban las bendiciones de Dios pero no querían abandonar sus tradiciones, prácticas y su posición religiosa.

LA NECESIDAD DE RENUNCIAR

La declaración pública: «Te renuncio, Satanás, y a todas tus obras y a todos tus caminos» ha formado parte, históricamente, de la profesión de fe de la Iglesia desde sus comienzos. Hasta el día de hoy muchas de las iglesias litúrgicas animan a sus miembros a hacer esta profesión pública al momento de la salvación o en la confirmación. En la Iglesia primitiva, los creyentes literalmente miraban al oeste y hacían esta declaración. Después miraban al este y declaraban su fe en Dios. Sin embargo, ésta es una declaración genérica. Para que el arrepentimiento sea completo, debes renunciar a cada obra y camino de Satanás.

Para estar libre del pasado, es necesario renunciar específicamente a cada falsa religión, falso maestro, falsa práctica, y toda búsqueda de dirección falsa en la que has participado. Muchas personas vienen a Cristo y hacen una profesión de fe, pero continúan sus malos hábitos de buscar dirección y participar en prácticas religiosas falsas. Eso no es un arrepentimiento completo. Si declaramos que algo es verdadero, entonces es importante también declarar lo erróneo como falso. Tú no puedes creer la verdad y una mentira a la vez y experimentar tu libertad en Cristo.

La Cruz se hizo cargo del perdón de los pecados. La Resurrección nos proporcionó una nueva vida en Cristo, y la Ascensión de Cristo a la diestra del Padre nos aseguró la autoridad y el poder para vivir vidas victoriosas en él. Pero en el momento que nacemos de nuevo, nuestras mentes no sufren una renovación automáticas. Es por ello que Pablo dijo: «No os amoldéis al mundo actual, sino sed transformados mediante la renovación de vuestra mente. Así podréis comprobar cuál es la voluntad de Dios, buena, agradable y perfecta».[46] Todo esto es posible a través de la cruz, la resurrección y la ascensión. Ahora podemos arrepentirnos y renovar nuestra mente. Podemos renunciar a las mentiras, la orientación falsa y los falsos maestros, y escoger la verdad guiados por el Espíritu Santo.

LAS FUERZAS DEMONÍACAS EN ACCIÓN

El Apóstol Pablo nos advirtió: «El Espíritu dice claramente que, en los últimos tiempos, algunos abandonarán la fe para seguir inspiraciones engañosas y doctrinas diabólicas».[47] Con respecto a los últimos días, Jesús dijo, «Porque surgirán falsos Cristos y falsos profetas que harán grandes señales y milagros para engañar, y a ser posible, aún a los elegidos».[48] Estos credos falsos y enseñanzas engañosas son falsificaciones de la verdad. Aparentan imitar la verdad, pero en realidad son mentiras diabólicas. Las enseñan maestros falsos que se hacen pasar por seguidores de Cristo. [49]

Al valorar las falsificaciones del Cristianismo, ningún criterio es más importante que la doctrina de Jesucristo. Si alguna persona o grupo no puede o no quiere reconocer que Jesucristo es el Hijo de

Dios, el Rey de reyes, y el Gran «Yo Soy», debemos sospechar de él.[50] Muchas personas bajo la influencia de Satanás pueden decir que Jesús es el Señor, pero cuando se les pide que digan que Jesús es su Señor, van a repetir simplemente «Jesús es el Señor». El diablo sabe que Jesús es el Señor del universo, pero no confesará a Jesús como su Señor, ni tampoco sus seguidores.

Una segunda característica de las religiones falsas y las ciencias ocultas es que ofrecen salvación o iluminación a través de medios ajenos a la fe en la obra completa de Cristo. Satanás ciega el entendimiento de las personas al evangelio de Jesucristo. [51] Los defensores de la Nueva Era enseñan que no estamos separados de Dios por nuestro pecado y, por lo tanto, no hay necesidad de arrepentirse. También enseñan que somos dios y sólo necesitamos ser iluminados. ¡Menuda mentira!

Tercero, los clarividentes, gurús, curanderos, y falsos profetas ofrecen una estupenda calidad de vida, conocimientos esotéricos o poderes especiales mediante la conexión con energías cósmicas, ritos secretos, ceremonias o pactos. El ocultismo, por definición es oculto, escondido, que no se deja ver, secreto, lo cual es totalmente contrario a la naturaleza de Dios, quien hace todo en la luz. El que está realmente escondido y no se deja ver es Satanás, manipulador de títeres. Su propósito es mantener a la humanidad en esclavitud, alejándonos de la verdad que nos puede liberar. Mediante un arrepentimiento genuino podemos experimentar nuestra libertad, a medida que renunciamos a las mentiras y escogemos la verdad.

TOMAR UNA POSICIÓN VERBAL

El creyente tiene la responsabilidad de someterse a Dios y de resistir al diablo. [52] De esa forma, reconoce la autoridad de Dios sobre su vida, así como también sobre el reino demoníaco. [53] Toma entonces su legítimo lugar a la diestra de Jesucristo y en contra del diablo usando la espada del Espíritu, que es la Palabra de Dios. Es así como ejerce su dependencia de Dios y la autoridad que tiene en Cristo.

La Biblia relata la historia de personas no regeneradas que intentaron ejercer su autoridad sobre el reino demoníaco por medio del uso de ritos y encantamientos. Además de ser inútiles, tales intentos acarrean resultados desastrosos. Los siete hijos de Esceva eran incrédulos intentando expulsar a los demonios en el nombre de Jesús sin tener una relación verdadera con él.[54] Fueron atacados y tuvieron que huir desnudos y heridos. Su intento se parece a las prácticas del ocultismo que buscan manipular el mundo espiritual para hacer su voluntad y no la voluntad de Dios.

Un ejemplo bíblico de romper ataduras religiosas falsas con el pasado se encuentra en Hechos 19:18-20. La mayoría de los nuevos creyentes de Éfeso habían estado involucrados en religiones falsas y ocultismo, participando en la adoración en el Templo de Artemisa. Lucas escribe en el versículo 18: «Muchos de los que habían creído llegaban ahora y confesaban públicamente sus prácticas malvadas». La confesión abierta de las prácticas ocultas fue seguida por la acción de deshacerse de cualquier cosa asociada con las tinieblas. «Un buen número de los que practicaban la hechicería juntaron sus libros en un montón y los quemaron delante de todos».

SACAR TODO A LA LUZ

Dios sabe lo que debe sacarse a la luz. Puede ser que tú no seas completamente consciente de algunas prácticas religiosas pasadas que le dieron campo al enemigo. Es por ello que se te insta a orar a Dios y pedirle que traiga a tu mente toda participación en sectas, ciencias ocultas, falsas religiones o maestros, ya sea que lo hayas hecho a sabiendas o no. Hay dos objetivos importantes con los que tratarás en este primer paso. Primero, las ataduras mentales que provienen de sistemas de creencias falsas serán expuestas y cortadas al someterte a Dios renunciando a ellas verbalmente.

Segundo, vas a aprender cómo lidiar con las mentiras y las ataduras que salgan a la superficie posteriormente. Este paso te va a ayudar a reconocer los engaños y saber cómo tratar con ellos en el futuro.

Comienza los Pasos hacia la Libertad en Cristo con la siguiente oración y declaración:

ORACIÓN

Querido Padre celestial, estás en este lugar y en mi vida. Sólo Tú eres Dios y el único que todo lo sabe, todo poderoso y todo presente. Dependo de Ti, porque apartado de Ti nada puedo hacer. Decido creer la verdad que toda autoridad en el cielo y en la tierra le pertenece a Cristo resucitado, y al estar vivo en Cristo, comparto esta autoridad para hacer discípulos y liberar a los *cautivos. Te pido que me llenes de tu Espíritu Santo y que me guies a toda verdad. Pido Tu total protección y dirección. En el nombre de Jesús. **Amén**.*

DECLARACIÓN

En el nombre y la autoridad del Señor Jesucristo, ordeno a Satanás y a todos los espíritus malignos que me desaten para que yo sea libre de conocer y escoger la voluntad de Dios. Como un hijo de Dios que está sentado con Cristo en los lugares celestiales, declaro que cualquier enemigo del Señor Jesucristo quede en silencio. Ni Satanás ni ninguno de sus demonios pueden infringirme dolor, ni pueden en modo alguno impedir que la voluntad de Dios se realice hoy en mi vida. Pertenezco al Señor Jesucristo y el maligno no me puede tocar.

CÓMO COMENZAR: EL PRIMER PASO

Si estás procesando todos los pasos de una sola vez (te lo recomiendo), entonces necesitarás hacer la oración y declaración anteriores una sola vez. En cambio, si deseas seguir los Pasos hacia la Libertad un capítulo a la vez, entonces comienza cada capítulo (Paso) con la oración y declaración anteriores. Al comenzar este proceso de arrepentimiento, estás recuperando cualquier terreno tomado por el enemigo, situación por situación, y paso por paso. Para que puedas entender la importancia espiritual de lo que estás haciendo considera la siguiente ilustración:

Imagínate un hombre de 40 años que nunca ha hecho gran cosa en su vida. Un domingo en la iglesia, escucha hablar por primera vez de Jesús. Su corazón responde al evangelio, y ora: «Señor, confieso que he pecado. Gracias por morir por mis pecados en la cruz. Creo que resucitaste de la muerte para darme vida eterna. Te recibo en mi vida como Señor y Salvador».

Si tú y yo hubiésemos estado ahí cuando ese hombre oró, tal vez no habríamos visto ningún cambio. Pero en el reino espiritual, sus pecados fueron perdonados, él pasó de la muerte a la vida, y de la eternidad en el infierno a la eternidad con Dios. Todo esto sucedió porque deseó reconciliarse con Dios. Dios escucha y responde a las oraciones y ni Satanás ni sus demonios, ni ninguna otra persona podría obstaculizar la voluntad de Dios en la vida de ese hombre.

Ahora vamos a hacer una serie de oraciones. Muchas son oraciones cortas y sencillas como la de ese hombre, y si tú eres honesto y sincero con Dios, cada una de tus oraciones puede ser como la que él hizo. Las cadenas que el enemigo ha mantenido en tu vida, van a romperse debido a tu autoridad como hijo de Dios.

Para lograr el mejor resultado en este primer paso y los que siguen, busca un lugar tranquilo en el que puedas orar y procesar en voz alta cada paso. Esto es muy importante, ya que no hay indicios en la Biblia de que Satanás pueda leer tus pensamientos. Dios conoce tus pensamientos más íntimos, pero Satanás no es Dios y nunca debemos concederle atributos divinos que sólo le pertenecen a Dios.

Si experimentas alguna interferencia mental, ignórala y continúa. Pensamientos como «esto no va a servir» o «no creo en esto» u otros de tipo vulgar, condenatorio o acusatorio, no tienen poder sobre ti a menos que tú los creas. Son sólo pensamientos, pero si les prestas atención, es posible que estés escuchando a un espíritu de engaño y eso detendrá el proceso. Ellos desaparecerán después de que te hayas arrepentido completamente y concluido el último paso. La mente es el centro de control, y si no pierdes el control de tu mente, tampoco lo perderás durante el proceso de hacer los pasos.

Algunas personas experimentan síntomas físicos como náuseas o dolor de cabeza. Ignóralos y sigue adelante con los pasos, ya que al final también desaparecerán. Si no puedes mantenerte concentrado, llama a tu pastor y pídele que te ayude con el proceso. La mayoría de las personas, sin embargo, no encuentran mucha oposición. Lo que importa no es el enemigo, sino nuestra relación con Dios. Estos Pasos quitan los obstáculos hacia la intimidad con nuestro Padre celestial.

Este proceso de los Pasos es a lo que se refiere Santiago 4:7 cuando nos insta a someternos a Dios y a resistir al diablo. Lo más importante de los siete pasos no es resistir al diablo o a los demonios sino tratar con las áreas que afectan nuestra relación con Dios.

ORAR POR LA ORIENTACIÓN CORRECTA

El primer paso para experimentar libertad en Cristo es renunciar (rechazar verbalmente) toda experiencia (pasada o presente) del ocultismo o a enseñanzas y prácticas de religiones falsas. Se debe rechazar la participación en cualquier grupo que niegue que Jesucristo es el Señor y/o que coloque alguna enseñanza o libro al mismo nivel de la Biblia o por encima de ella. Además, es necesario renunciar a grupos que exijan iniciaciones secretas, ceremonias, votos, o pactos. Dios no toma a la ligera una orientación engañosa. «Me pondré en contra de quien acuda a la nigromancia (invocar a los muertos) y a los espiritistas... Lo eliminaré de su pueblo» (Levítico 20:6). Ya que no quieres que el Señor te deseche, pídele que te guíe de este modo:

> *Querido Padre celestial, recuérdame todas y cada una de las cosas que haya hecho de forma consciente o inconsciente relacionadas con enseñanzas o prácticas de ocultismo, sectas o religiones no cristianas. Deseo experimentar tu libertad al rechazar toda práctica y enseñanza falsa. En el nombre de Jesús. Amén.*

Puede que el Señor haga que recuerdes cosas que habías olvidado, incluso experiencias en las que participaste como un juego o que pensaste que eran bromas. Podrías incluso haber estado presente de modo pasivo u observado con curiosidad a otros mientras realizaban falsas prácticas. El propósito es renunciar a todas las falsas experiencias espirituales y a sus creencias.

Para ayudarte a recordar estas cosas, considera en oración la siguiente lista de prácticas espirituales que no son cristianas. A continuación encontrarás una oración de confesión y renuncia. Órala en voz alta, rellenando los espacios en blanco con aquellas cosas que el Espíritu Santo te ha traído a la mente que debes renunciar. La lista que sigue cubre la mayoría de prácticas espirituales no cristianas. Sin embargo no es exhaustiva. Siéntete libre de añadir otras en las que estuviste involucrado. En el caso de que te hayas criado en otra cultura, debes estar especialmente consciente de tu necesidad de renunciar también a prácticas religiosas de tradición popular que no son cristianas. Es importante que renuncies en voz alta por medio de la oración.

LISTA DE PRÁCTICAS ESPIRITUALES QUE NO SON CRISTIANAS

Marca todo aquello en que hayas participado:

- ☐ Proyección astral (experiencias fuera del cuerpo)
- ☐ Tabla ouija
- ☐ María la Sanguinaria (Bloody Mary)
- ☐ Juegos ocultistas
- ☐ Bola mágica
- ☐ Encantamientos o maldiciones
- ☐ Telepatía/control mental
- ☐ Hipnosis
- ☐ Sesiones de espiritismo/médiums/canalizadores
- ☐ Magia negra o blanca
- ☐ Control Mental Silva
- ☐ Meditación Trascendental (MT)
- ☐ Percepción extra-sensorial
- ☐ Trances
- ☐ Espíritus guías
- ☐ Adivinación
- ☐ Cartas del Tarot
- ☐ Levitación
- ☐ Brujería/hechicería
- ☐ Clarividencia
- ☐ Péndulo
- ☐ Satanismo
- ☐ Leer la mano
- ☐ Astrología/horóscopos
- ☐ Pactos de sangre
- ☐ Fetiches/cristales/amuletos

- ☐ Vudú
- ☐ Espíritus sexuales
- ☐ Artes marciales (devoción a sensei)
- ☐ Supersticiones
- ☐ Videojuegos violentos o de ocultismo

OTRAS RELIGIONES

- ☐ Yoga (la religión, no los ejercicios)
- ☐ Hare Krishna
- ☐ Bahaísmo
- ☐ Culto a espíritus tribales
- ☐ Culto a los ancestros
- ☐ Islamismo
- ☐ Hinduismo
- ☐ Budismo (incluyendo Zen)
- ☐ Rosacruces

SECTAS

- ☐ Mormonismo (Santos de los Últimos Días)
- ☐ Testigos de Jehová
- ☐ Nueva Era (libros, seminarios, objetos, medicina)
- ☐ Masones
- ☐ Ciencia Cristiana
- ☐ Iglesia de la Unificación (Moonies)
- ☐ El Foro (EST)
- ☐ Iglesia de Cienciología
- ☐ Unitarismo/Universalismo
- ☐ Feng Shui
- ☐ Reiki
- ☐ Haz una lista de películas, programas de TV, música, libros, revistas o cómics que el Señor te traiga a la mente (especialmente los que glorifican a Satanás, causan temor o pesadillas,

son grotescamente violentas, o estimulan las pasiones de la carne).

Preguntas adicionales que te pueden ayudar a tomar consciencia de otras cosas a las que necesitas renunciar.

1. ¿Alguna vez has visto, oído o sentido una presencia espiritual en tu habitación?

2. ¿Has tenido pesadillas recurrentes? Renuncia a todo temor relacionado a ellas.

3. ¿Tienes, o alguna vez tuviste, un amigo imaginario, espíritu guía o ángel que te brinda dirección o compañía? (Si tiene nombre, recházalo por nombre.)

4. ¿Has oído voces o has tenido pensamientos repetitivos y peyorativos - soy tonto, soy feo, nadie me ama, no logro hacer nada bien - como si hubiera una conversación continua dentro de tu cabeza? Apunta cada uno de ellos y renuncia a ellos usando la oración específica después de la pregunta nueve.

5. ¿Has consultado médiums o espiritistas?

6. ¿Alguna vez has visto o te han contactado seres que pensabas que eran alienígenas?

7. ¿Has hecho alguna vez un voto o pacto secreto (o promesas internas; p. ej. Yo nunca...)?

8. ¿Has participado alguna vez en rituales satánicos o asistido a conciertos donde Satanás era el foco de atención?

9. ¿Qué otras experiencias espirituales has tenido que te causasen temor o confusión?

Una vez que hayas completado la lista y las preguntas, confiesa y renuncia cada cosa en la que hayas participado mediante la siguiente oración **en voz alta:**

Señor Jesús, confieso que he participado en estas prácticas malignas (nombra específicamente las que marcaste). Sé que son ofensivas y malas ante ti. Gracias por tu perdón. Renuncio a cada una de estas prácticas malignas y decido creer que Satanás ya no tiene ningún derecho sobre mi vida por mi participación en ellas. En el nombre de Jesús. **Amén.**

Si has participado en una religión falsa, necesitas desechar creencias y prácticas específicas en las que hayas tomado parte. Por ejemplo, si estuviste en la religión de los mormones, debes renunciar a la iniciación secreta y a las ceremonias de bautismo y matrimonio por los muertos en las que hayas participado. En caso de no estar seguro si cierta práctica en la que participaste es falsa o no, considera que si Dios te la trajo a la mente, puedes estar casi seguro de que es algo a lo que debes renunciar.

Un área que a veces necesita ser explicada es la de los espíritus sexuales. Los demonios pueden manifestarse en sueños sexuales muy vívidos o en fantasías, o como una presencia demoníaca en la habitación que estimula sexualmente a la persona. En casos extremos pueden ser de naturaleza repugnante. Si cuando sucedió lo enfrentaste y resististe, no tienes que renunciar a ello ya que el ser atacado no es un pecado. Si participaste de forma activa con los espíritus sexuales, entonces debes renunciar a ello como también a cualquier uso sexual de tu cuerpo como instrumento de maldad.

La lista de prácticas espirituales que no son cristianas no es exhaustiva, así que cuando la termines, pregúntale al Señor si hay algo más en tus experiencias pasadas a lo que debes renunciar. Deja que el Espíritu Santo te lo traiga a tu mente. Puede surgir cualquier cantidad de cosas, como: libros, fotos, películas, música u otros objetos, costumbres o tradiciones religiosas, oraciones a ídolos o ángeles por sus nombres, ideologías como ateísmo, agnosticismo, hedonismo, o grupos de control farisaico.

Algunas personas consideran que ya no hay mas remedio, pero si lo hay, y para ti también. Considera la siguiente ilustración:

Si viniese a tu casa hoy y tocase a la puerta, primero vendrías a la puerta para ver quién es. Después tendrías que escoger si abrir la puerta y dejarme entrar, o dejarla cerrada y negarme la entrada. De la misma forma, cuando el enemigo trata de invadir tu mente con mentiras y acusaciones, tienes que decidir: puedes dejar que entren esos pensamientos, o puedes negarles la entrada. Al «abrirles la puerta» a las mentiras del enemigo, simplemente te mantienes pasivo, permitiendo que éstas marquen la pauta de tus pensamientos. Al «cerrarles la puerta» llevas cautivo todo pensamiento a la obediencia a Cristo. Puedes escoger entre creer la verdad y creer en la mentira; puedes decidir si tu mente albergará malos pensamientos o si, por el contrario, pensarás en lo que es verdadero, puro y correcto. Es tu decisión.

> **Debes asumir la responsabilidad de tus propios pensamientos.**
>
> ∞

Debes asumir la responsabilidad por tus propios pensamientos. Tal vez no te hayas percatado de lo pasivo que has sido al darles cabida a los pensamientos engañosos. Habrá quien ni siquiera haya considerado la posibilidad de desobedecer a lo que está pensando. En ciertos casos difíciles, uno puede seguir siendo bombardeado con pensamientos que suenan como voces en la cabeza. Si esto te sucede, considera la siguiente ilustración:

> Supongamos que estamos tratando de entablar una conversación en un salón y el sonido de la música por los altavoces es muy fuerte, o el televisor está puesto a todo volumen. Si queremos continuar con nuestra conversación, simplemente tenemos que ignorar el ruido. De la misma forma, puedes decidir no hacerles caso a esas voces o pensamientos, y declarar lo que quieres creer: «Soy un hijo de Dios y voy a continuar trabajando con los problemas para encontrar mi libertad en Cristo».

Cuando ejerces tu autoridad en Cristo de esa manera, los síntomas disminuyen, pero por lo general no desaparecen del todo hasta que terminas con el último Paso. Recuerda, son solamente pensamientos y ruidos molestos que intentan distraerte.

Para completar este Paso, deberás, además, eliminar de tus pertenencias libros, fotos, materiales, artefactos, música o cualquier otro artículo o regalo que te pueda mantener atado a alguna práctica de la lista. Estos pueden ser símbolos de alianza con otros dioses, y de ser así, son contraproducentes cuando caminamos en el Reino de luz. Sigue el ejemplo que encontramos en Hechos 19:19, donde se narra cómo los creyentes se deshicieron de cualquier cosa asociada con las tinieblas. Al darse cuenta que Satanás podía seguir usando los instrumentos de sus antiguas prácticas religiosas, públicamente destruyeron libros que sumaban 50.000 veces el jornal de un día, lo cual es una suma inconcebible. Estos creyentes del Nuevo Testamento sacrificaban lo que hiciese falta para deshacerse de la influencia de Satanás en sus vidas y evitar que ésta continuara en sus familias.

ESCOGE LA VERDAD

A través de los Pasos, puede que disciernas ciertos acontecimientos que tuvieron un efecto contundente sobre tu vida, o mentiras específicas que creíste. Espero que hayas renunciado a ellos en ese momento. Por ejemplo, cierta mujer sufría de temores persistentes y se angustiaba por su tía, quien estaba dedicada de lleno a la brujería. Entonces la ayudaron a orar diciendo: «Renuncio a cualquier manera en la que Satanás esté usando en mi contra mi relación con mi tía. Rechazo todo lo que ella me haya dicho o hecho, y cualquier cosa que haya hecho en mi lugar. Te doy gracias, Señor, porque no soy víctima de esas experiencias. Soy Tu hija, Dios, y soy libre para ser la persona que tú diseñaste».

Otra mujer fue llevada por su madre a una vida de prostitución. Cuando era muy pequeña, una adivina le dijo: «Muñeca, tú tienes una cara y un cuerpo preciosos, que te ayudarán a salir adelante en la vida». La guiaron a renunciar a la falsa profetisa y a la mentira de que utilizaría su apariencia y su cuerpo para ganarse la vida. También se le aconsejó que declarara la verdad, de que su cuerpo es el templo del Espíritu Santo y que el Señor suplirá para todas sus necesidades. [55] Cuando renuncies a una mentira o a cualquier experiencia engañosa, debes también declarar la verdad que te hace posible caminar libremente en Cristo.

CAPÍTULO TRES
CÓMO VENCER EL ENGAÑO (Paso 2)

Julia no sólo pidió una cita para hacer los pasos, sino que además, ¡hizo todo lo posible para obtenerla! Al comenzar la sesión fue evidente el por qué. Con fuerte emoción, contó lo difícil que había sido su vida, con un padre alcohólico muy violento, abuso sexual, pornografía, experiencias demoníacas en su habitación, y control por parte de líderes legalistas de su iglesia.

Con toda diligencia hizo el primer Paso sobre la orientación errónea, lo cual le dio serenidad a medida que continuaba con el segundo paso. Al final de éste, pasó algo maravilloso: después de leer las declaraciones doctrinales, puso el libro en su regazo y las lágrimas comenzaron a llenar sus ojos. Abrumada con la verdad de quién era Dios y de quién era ella en Cristo, comentó: ¡Vaya! ¡Esto es increíble!

LA VERDAD LIBERA

Nuestro Señor acababa de tomar la última cena con Sus discípulos antes de ir a la cruz. Él sabía cuál sería su destino y estaba a punto de dejar a once de los apóstoles que había escogido, quienes tendrían que enfrentar la oposición del dios de este mundo y continuar la obra que Cristo había comenzado. Satanás ya había engañado a Judas, uno de los discípulos, para que traicionara a Cristo.

Jesús se volvió a su Padre y oró: «No te pido que los quites del mundo, sino que los protejas del maligno» (Juan 17:15). Su oración reveló cómo puede alcanzarse esta libertad. «Santifícalos en tu verdad; tu palabra es verdad» (vs.17).

El creer la verdad acerca de Cristo, quién es, por qué vino y quiénes somos en él, es la base de esa libertad. El saber la verdad que está escrita en la Palabra de Dios es la señal de un discípulo. «Si os mantenéis fieles a mis enseñanzas, seréis realmente mis discípulos; y conoceréis la verdad, y la verdad os hará libres».[56]

El conocimiento de la verdad es nuestra primera línea de defensa contra el padre de las mentiras. [57] Reconocemos esa verdad en lo íntimo de nuestro ser,[58] porque la verdadera fe es más que un consentimiento intelectual o una acumulación de conocimiento. La verdad de Dios tiene que penetrar nuestros corazones, el centro de nuestro ser. Sólo así su verdad puede traer libertad y producir cambios permanentes en nuestro ser interior.

LA NECESIDAD DE SER HONESTOS

Hemos sido llamados a decir la verdad en amor y a caminar en la luz, lo que significa que nuestras vidas deben ser transparentes delante de Dios y de los demás. Menos que eso es vivir una mentira. El rey David estaba viviendo una farsa cuando encubrió su pecado con Betsabé, por lo cual sufrió grandemente. Finalmente encontró su libertad cuando reconoció la verdad. Y escribió: «Dichoso aquel...en cuyo espíritu no hay engaño».[59]

Las personas esclavizadas al pecado mienten. Los bulímicos mienten acerca de sus comilonas y sus purgas. Los alcohólicos esconden su adicción y guardan la bebida en lugares secretos de su casa. Los adictos sexuales pueden ocultar su pecado durante años. El primer paso en la recuperación es enfrentar la verdad y dejar de negarla.

Lo único que el cristiano debe admitir es la verdad. «Si afirmamos que tenemos comunión con él, pero vivimos en la oscuridad, mentimos y no ponemos en práctica la verdad. Pero si vivimos en la luz, así como él está en la luz, tenemos comunión unos con otros, y la sangre de su Hijo Jesucristo nos limpia de todo pecado». [60]

La razón principal por la que Julia, la joven de esta historia, encontró tanta resolución, es porque no ocultó su pasado. Ella estuvo dispuesta a caminar en la luz y decir la verdad. Y así encontró perdón, limpieza y libertad. La verdad nunca es un enemigo; siempre es un amigo liberador. Jesús es la perfecta personificación de la verdad, la luz liberadora, el mejor amigo que un hombre o una mujer pueda tener. En él no existen tinieblas. Jesús es la verdad y él libera a las personas honestas.

SATANÁS, EL IMPOSTOR

Jesús describió a Satanás como el padre de la mentira. «Cuando miente, expresa su propia naturaleza, porque es un mentiroso. ¡Es el padre de la mentira!»[61] Satanás no puede hablar la verdad porque no hay verdad en él, pero sí puede distorsionarla, llegando incluso a citar las Escrituras, como cuando tentó a Jesús.

Satanás esclaviza a las personas engañándoles y cegando las mentes de los incrédulos. [62] Su poder está en la mentira y la batalla es por nuestra mente. Si él logra engañar al creyente para que crea algo que es falso, lo mantendrá impotente espiritualmente. Él no puede hacer nada con respecto a nuestra identidad y posición en Cristo, pero si logra hacernos creer lo que no es cierto, entonces viviremos con esa falsa creencia. Cuando las mentiras se ponen al descubierto, Satanás pierde su poder sobre el creyente.

Para aquellos que han estado engañados durante años, pedirle al Señor que revele el engaño, y expresar la verdad en las declaraciones doctrinales al final de este paso, constituye una experiencia poderosa. Algunos adquieren mayor seguridad cuando declaran la verdad. Si te es difícil leer las declaraciones doctrinales, completa primero los pasos y luego vuelve a leerlas y verás la diferencia.

La mayoría de los cristianos desean de todo corazón vivir vidas justas pero tienen un concepto de Dios distorsionado e ignoran su posición e identidad en Cristo. Cuando hagas la declaración pública de fe, estarás escogiendo la verdad de Dios acerca de su naturaleza, su carácter y su plan redentor para tu vida.

CÓMO ENFRENTAR EL ENGAÑO

La batalla es por nuestra mente y Satanás tergiversará las Escrituras o nos dirá medias verdades para engañarnos. Así que debemos confiar en Dios, a fin de que nos muestre el engaño, recordando que las armas con las que peleamos no son de este mundo. Por el contrario, tienen el poder divino para derribar fortalezas. En este Paso, usamos la verdad para derribar «argumentos y toda altivez que se levanta contra el conocimiento de Dios, y llevamos cautivo todo pensamiento para que se someta a Cristo».[63] Una mujer que estaba haciendo este Paso, de repente dijo: «Lo que escucho... ¡es tan sólo un pensamiento! Tan sólo es eso!, ¡no tengo que creer más esa basura!» Ella comprendió cuál era la batalla y el pensamiento perdió el poder sobre ella. Otra señora imprimió una cantidad de tarjetas y empezó a distribuirlas a diestra y siniestra. En cada una ponía: «¿De dónde provino ese pensamiento? ¿De un Dios amoroso?»

Si las voces, ruidos o risas en tu mente parecen abrumarte, detente y ora como lo hiciste al principio de estos pasos en la página 27. Tú mantienes el control al exponer las mentiras y la batalla por tu mente, al ignorar las distracciones y continuar con los Pasos. No obtenemos la libertad espantando las moscas (demonios), sino sacando la basura (pecado). La forma de vencer al padre de la mentira, es escogiendo la verdad. No hemos sido llamados a disipar las tinieblas, sino a encender la luz. La libertad llega progresivamente a medida que resolvemos los conflictos. El ruido en tu cabeza es sólo un intento del enemigo de desviarte del camino que te llevará a la libertad. Si te parece que no vas a poder continuar, ora en voz alta: «Renuncio a este ataque y anuncio que mi cuerpo es el templo del Espíritu Santo, y decido continuar en busca de mi libertad».

> La libertad no la obtenemos cuando espantamos las moscas (demonios), sino cuando sacamos la basura (pecados).
>
> ଛଠ

Marcia era una cristiana sincera que estaba recibiendo una «paliza mental» de mentiras y acusaciones. Había llegado a creer que Dios no era un Dios bueno, que ella no podía confiar en él y que no se iba a liberar nunca de su pasado. Esta frágil mujer recibió la orientación necesaria para hacer los pasos, lentamente y con suavidad, renunciando a todas las mentiras a medida que surgieron. Unos días después, escribió:

> Dios es diferente del concepto que yo tenía de él, y decido confiar en la revelación que Dios me ha dado de sí mismo en la persona de Jesús. Yo soy su hija y escojo creer que él me tratará como lo haría un buen Padre. Soy una nueva persona. Es un nuevo día y espero con anhelo experimentarlo como una nueva criatura, libre de mi pasado.

CÓMO SEGUIR CON EL SEGUNDO PASO

En el primer Paso, nos ocupamos de la orientación errónea. En el segundo Paso, podrás descubrir si has sido engañado. Las Escrituras nos enseñan que en los últimos tiempos algunos abandonarán la fe, escuchando a inspiraciones engañosas. [64] Podemos también ser engañados por el mundo, engañarnos a nosotros mismos y defendernos erróneamente. Necesitamos la ayuda de Dios para determinar si ha ocurrido un engaño, así que pídele a Dios que te guíe de la siguiente manera:

> *Querido Padre Celestial, sé que Tú quieres que yo conozca la verdad, crea la verdad, hable la verdad y viva de acuerdo con la verdad. Gracias que es la verdad la que me hará libre. De muchas maneras he sido engañado por Satanás, el padre de la mentira, y también me he engañado a mí mismo.*
>
> *Padre, oro en el nombre del Señor Jesucristo, en virtud de su sangre derramada y su resurrección. Te pido que reprendas todo espíritu maligno que me esté engañando. He decidido confiar únicamente en Jesús para salvarme, de modo que, en Cristo, soy tu hijo perdonado. Por lo tanto, dado que me aceptas tal como soy, tengo la libertad de plantarle cara a mi pecado y no intentar ocultarlo.*
>
> *Pido que el Espíritu Santo me guíe a toda verdad. Por favor, «Examíname, oh Dios, y sondea mi corazón; ponme a prueba y sondea mis pensamientos; fíjate si voy por mal camino, y guíame por el camino eterno». [Salmo 139:23,24] En el nombre de Jesús, quien es la Verdad.* **Amén.**

Considera en oración, las listas de los tres ejercicios siguientes, usando la oración al final de cada ejercicio, para confesar cualquier modo en que hayas cedido al engaño o en que te hayas defendido indebidamente. No puedes renovar tu mente instantáneamente, pero el proceso no comienza sin reconocer las fortalezas mentales del enemigo o los mecanismos de defensa, llamados también patrones carnales de la mente.

MANERAS EN LAS QUE EL MUNDO TE PUEDE ENGAÑAR:

- ☐ Creer que obtener dinero y cosas me traerá felicidad duradera (Mateo 13:22; 1 Timoteo 6:10)
- ☐ Creer que la comida y/o el alcohol en exceso pueden aliviar mi estrés y darme felicidad (Proverbios 23:19-21)
- ☐ Creer que un cuerpo atractivo y una personalidad encantadora me conseguirán lo que necesito (Prov. 31:30; 1 Pedro 3:3-4)
- ☐ Creer que satisfacer el deseo sexual me traerá dicha duradera (Efesios 4:22; 1 Pedro 2:11)
- ☐ Creer que puedo pecar sin tener consecuencia negativa alguna (Hebreos 3:12-13)
- ☐ Creer que necesito más de lo que Dios me ha dado en Cristo (2 Corintios 11:2-4, 13-15)
- ☐ Creer que puedo hacer lo que quiera sin que nadie pueda tocarme (Proverbios 16:18; Abdías 3; 1 Pedro 5:5)
- ☐ Creer que las personas que rechazan a Cristo irán de todos modos al cielo (1 Corintios 6:9-11)
- ☐ Creer que me puedo asociar con malas compañías sin corromperme (1 Corintios 15:33-34)
- ☐ Creer que puedo leer, ver o escuchar cualquier cosa sin corromperme (Proverbios 4:23-27; Mateo 5:28)
- ☐ Creer que no hay consecuencias de mi pecado en la tierra (Gálatas 6:7-8)
- ☐ Creer que debo obtener la aprobación de ciertas personas para ser feliz (Gálatas 1:10)
- ☐ Creer que debo alcanzar ciertas metas para sentirme bien de mi mismo (Gálatas 3:2,3; 5:1)

*Señor, confieso que he sido engañado por [confiesa los puntos que marcaste]. Te agradezco tu perdón, y me comprometo a creer única- mente Tu Verdad. En el nombre de Jesús. **Amén.***

MANERAS DE ENGAÑARTE A TI MISMO:

- ☐ Oír la Palabra de Dios, pero no hacer lo que dice (Santi 1:22)
- ☐ Decir que no tengo pecado (1 Juan 1:8)
- ☐ Creer que soy algo que en realidad no soy (Gálatas 6:3)

- ☐ Creer que soy sabio en esta era mundana (1 Corintios 3:18-19)
- ☐ Creer que puedo ser religioso, pero no poner freno a mi lengua (Santiago 1:26)

*Señor Jesús, confieso que me he engañado a mí mismo al [confiesa los puntos que marcaste]. Gracias por tu perdón. Me comprometo a creer sólo Tu verdad. En el nombre de Jesús. **Amén**.*

MANERAS DE DEFENDERTE EQUIVOCADAMENTE:

- ☐ Negación de la realidad (consciente o inconsciente)
- ☐ Fantasías (evitar la realidad soñando despierto, TV, películas, música, juegos de ordenador o videojuegos, drogas, alcohol, etc.)
- ☐ Aislamiento emocional (alejarme de la gente o mantenerme distante para evitar el rechazo)
- ☐ Regresión (regresar a tiempos pasados menos dolorosos)
- ☐ Enojo desplazado (descargar frustraciones contra personas inocentes)
- ☐ Proyección (culpar a otros por mis problemas)
- ☐ Racionalización (crear excusas para mi mala conducta)
- ☐ Hipocresía (presentar una imagen falsa)

*Señor, confieso que me he defendido de forma equivocada por medio de [confiesa los puntos que marcaste]. Gracias por tu perdón. Ahora me comprometo a confiar que Tú me defenderás y me protegerás. En el nombre de Jesús. **Amén**.*

Las tácticas equivocadas que hemos empleado para escudarnos del dolor y del rechazo a menudo están profundamente arraigadas en nuestras vidas. Quizás necesites discipulado o consejería adicional para aprender a dejar que Cristo sea tu roca, tu fortaleza, tu libertador y tu refugio. Mientras mejor comprendas cuán amoroso, poderoso y protector es Dios, más fácil te será confiar en él. A medida que entiendas cómo él te acepta totalmente en Cristo, te será más fácil ser franco, sincero y vulnerable (de una manera sana) ante Dios y los demás.

El movimiento de la Nueva Era ha distorsionado el concepto de la fe al enseñar que si creemos en algo lo convertiremos en realidad. Eso es falso. No podemos crear la verdad con la mente, sólo Dios puede hacer eso. Nuestra responsabilidad es enfrentar la realidad y creer que lo que Dios dice es verdad. La verdadera fe bíblica, por lo tanto, decide creer y actuar basada en la verdad, porque Dios dijo que es verdad y él es la Verdad. Tienes fe porque decides creer no porque «tienes ganas» o «te apetece» creer. Creer en algo no lo convierte en realidad, sino al revés - ya es verdad, por consiguiente, ¡decidimos creerlo! La verdad no depende de que la creamos o no.

Todo el mundo vive por fe. La única diferencia entre la fe cristiana y la fe que no es cristiana es el objeto de esa fe. Si el objeto de esa fe no es digno de confianza, no hay fe grande ni pequeña que pueda cambiar las cosas. Por eso nuestra fe debe estar cimentada sobre la roca sólida del carácter perfecto e inmutable de Dios y la verdad de su Palabra. Durante dos mil años los cristianos han entendido la importancia de declarar la verdad de manera verbal y pública. Lee en voz alta las siguientes Declaraciones de la Verdad y reflexiona con cuidado en lo que estás profesando. Quizás te sea útil leerlas en voz alta a diario por varias semanas, lo cual te ayudará a renovar tu mente con la verdad.

DECLARACIONES DE LA VERDAD

1. **Reconozco** que hay un solo Dios vivo y verdadero, que existe como Padre, Hijo y Espíritu Santo. Él es digno de toda honra, alabanza y gloria como el Único que creó todas la cosas y que sostiene todo cuanto existe. [Éxodo 20:2,3; Colosenses 1:16,17]

2. **Reconozco** a Jesucristo como el Mesías, el Verbo que se hizo carne y que habitó entre nosotros. Creo que él vino para deshacer las obras del diablo, que despojó a los principados y potestades, que los exhibió públicamente y que triunfó sobre ellos. [Juan 1:1, 14; Colosenses 2:15; 1 Juan 3:8]

3. **Creo** que Dios demostró su amor por mí en que, cuando yo aún era pecador, Cristo murió por mí. Creo que él me ha liberado del dominio de las tinieblas y me ha transferido a su reino, y que en él tengo redención, el perdón de pecados. [Romanos 5:8; Colosenses 1:13,14]

4. **Creo** que ahora soy hijo de Dios y que estoy sentado con Cristo

en los lugares celestiales. Creo que fui salvo por la gracia de Dios mediante la fe, y que esto fue un regalo y no el resultado de mis obras. [Efesios 2:6, 8:9; 1 Juan 3:1-3]

5. **Decido** ser fuerte en el Señor y en la fuerza de su poder. No pongo mi confianza en el mundo, porque las armas de guerra no son humanas, sino que tienen el poder divino para derribar fortalezas. Me pongo toda la armadura de Dios. Decido mantenerme firme en la fe y resistir al maligno. [2 Corintios 10:4; Efesios 6:10-20; Filipenses 3:3]

6. **Creo** que separado de Cristo no puedo hacer nada, por eso declaro mi total dependencia en él. Decido permanecer en Cristo para llevar mucho fruto y glorificar a mi Padre. Declaro a Satanás que Jesús es mi Señor. Rechazo toda obra o don engañoso de Satanás en mi vida. [Juan 15:5, 8; 1 Corintios 12:3]

7. **Creo** que la verdad me hará libre, y que Jesús es la verdad. Si él me libera, seré libre de verdad. Reconozco que caminar en la luz es la única senda de verdadera comunión con Dios y el hombre. Por lo tanto, me opongo a todo engaño de Satanás, llevando cautivo todo pensamiento para que se someta a Cristo. Declaro que la Biblia es la única norma de fe y conducta. [Juan 8:32, 36; 14:6; 2 Corintios 10:5; 2 Timoteo 3:15-17; 1 Juan 1:3-7]

8. **Decido** presentar mi cuerpo a Dios como sacrificio vivo y santo, y los miembros de mi cuerpo como instrumentos de justicia. Decido renovar mi mente por la Palabra viva de Dios para comprobar que la voluntad de Dios es buena, agradable y perfecta. Me despojo del viejo hombre con sus prácticas malignas y me revisto del nuevo hombre. Me afirmo como nueva criatura en Cristo. [Romanos 6:13; 12:1-2; 2 Corintios 5:17; Colosenses 3:9-10]

9. **Por fe, decido** ser lleno del Espíritu para ser guiado a toda verdad. Resuelvo andar en el Espíritu y no satisfacer los deseos mundanos. [Juan 16:13; Gálatas 5:16; Efesios 5:18]

10. **Renuncio** a todo propósito egoísta y escojo el designio supremo del amor. Decido obedecer los dos mandamientos más grandes: amar al Señor mi Dios con todo mi corazón, con toda mi alma, con toda mi mente y con todas mis fuerzas, y amar a mi prójimo como a mí mismo. [Mateo 22:37-39; 1 Timoteo 1:5]

11. **Creo** que el Señor Jesús tiene toda autoridad en el cielo y en la tierra, y que está sobre todo gobierno y autoridad. Estoy completo en él. Creo que Satanás y sus demonios están sujetos a mí en Cristo, ya que soy miembro del Cuerpo de Cristo. Por tanto, obedezco el mandato de someterme a Dios y resistir al diablo, y ordeno a Satanás en el nombre de Jesucristo que se vaya de mi presencia. [Mateo 28:18; Efesios 1:19-23; Colosenses 2:10; Santiago 4:7]

No hay una manera de renovar nuestras mentes instantáneamente. Hemos aprendido los mecanismos de defensa y los patrones carnales a través de los años y desaprenderlos tomará su tiempo. El propósito de este Paso es identificar las maneras en que has sido engañado y exponer pensamientos y creencias que no son sanos. Revela las áreas en las que necesitas crecer. No eres un caso perdido y tampoco necesitas que alguien piense o crea por ti. Tales mentiras se repiten una y otra vez en la mente de las personas. Necesitas asumir la responsabilidad de escoger la verdad, a pesar de cómo te sientas.

Supongamos que hay un camino de tierra que llega a tu casa en el campo. Si conduces a menudo por ese camino, con el tiempo crearás huellas. El sol secará esas huellas y se endurecerán como cemento. Lo más fácil es dejar que el coche navegue por las huellas.

Si deseas salir de esas huellas, notarás inmediatamente la resistencia al volante y cómo los neumáticos buscan regresar al camino establecido. Para salir hará falta más que un intento flojo;

> Necesitas tomar la responsabilidad de escoger la verdad, a pesar de cómo estén tus emociones.
>
> ℘

necesitarás estar totalmente comprometido y dispuesto a tomar una decisión intencionada que cambie tu rumbo. Del mismo modo, si ya no deseas ser controlado por las fortalezas o por las huellas de pensamiento que el mundo, la carne y el diablo han forjado en tu mente durante años, necesitas comprometerte a romper esa fortalezas y tomar decisiones deliberadas que se basen en la verdad de la Palabra de Dios. Tú eliges; no dejes que tu viejo patrón de pensar pasivamente decida por ti. Toma todo pensamiento cautivo a la obediencia a Cristo y escoge su verdad. Así es como renovamos la mente —al conocer y escoger la verdad, y el permitir que la Palabra de Dios more en abundancia en nosotros. (Romanos 12: 2; Filipenses 4: 8; Colosenses 3: 16.)

CÓMO DESCUBRIR LAS MENTIRAS Y AFIRMAR LA VERDAD

Una mujer escribió: «El haber hecho los Pasos hacia la Libertad en Cristo ha sido la parte más emocionante de mi andar cristiano». Había estado luchando con voces y gritos en su cabeza, pesadillas y apariciones en su dormitorio; y un engaño muy fuerte a través de mentiras y condenación. Reconoció: «No he estado dispuesta a tomar la responsabilidad de mis propios pensamientos. He querido alguna ayuda externa sin querer hacer nada por mí misma». En una carta que le escribió a Jesús, ella dijo: «Yo confieso mi incredulidad, mi egoísmo, mis pensamientos obsesivos. Y renuncio a las mentiras que me pueden destruir e incapacitar. Te pido Tu perdón y abandono todo pensamiento que pueda destruir la verdad que está en mí». Adjuntó a su carta seis páginas llenas de mentiras que ella había creído, acompañadas de versículos bíblicos que exponían las mentiras y afirmaban la verdad.

La misma señora escribió esta carta después de terminar los Pasos hacia la Libertad:

> Al reflexionar y sopesar lo que pasó en tu oficina en la presencia de Dios, me impacta lo que Cristo ha hecho. No se limitó a romper las ataduras espirituales con quienes yo había estado involucrada, también tocó la parte más profunda - el lugar donde estaba convencida que me había convertido en la zorra, ramera, adúltera, la «malvada», la «bruja» que mi madre y padre siempre me acusaron de ser.
>
> El enfrentar esa realidad - o más bien las mentiras que he creído acerca de mí misma - ha sido más de lo que jamás pensé que Dios pudiese limpiar o redimir. No podía escapar de la vergüenza ni podía perdonarme por mi participación voluntaria. Las violaciones fueron más fáciles de renunciar porque yo no tuve la opción.
>
> A medida que he continuado renunciando a aquellos actos sexuales y a creer que yo me había convertido en la personificación de la maldad en la que participé, ¿será posible que el Señor limpie mi expediente...y cambie mi vida... que ya no se me identifique con

los nombres que me dio mi padre terrenal, sino que sea verdaderamente una nueva persona en Cristo... que yo sea totalmente limpia? Siempre me había considerado como una fulana y adúltera que sólo estorbaba en la iglesia, y que jamás podría tomar una responsabilidad o un ministerio por mi pasado tan oscuro.

Es como si Dios hubiese aplicado una esponja enorme en la parte maltratada y sangrienta de mi pasado (que era mi mayor atadura), y absorbió toda la sangre, todo el dolor y todas las mentiras. Y al quitar todo eso de mí, él me dejó nueva, libre y limpia en él. Ya no necesito lidiar con el peso de ese pecado porque ha sido perdonado, clavado en la cruz por la sangre de Jesús.

Era consciente de todas las mentiras en mi mente y quería creer que la Palabra de Dios era verdad. Hoy sé que lo es en mi corazón y en mi espíritu. Cuando renunciaba a estas cosas, pensé, ¿Cómo pueden liberarme estas palabras? Y a la vez, ¿cómo no? Ellas son el poder de Dios.

Al día de hoy, no creo solamente que Dios me está limpiando. ¡Sé que estoy limpia! No creo solamente que Dios me liberará del pasado. ¡Sé que soy libre! He dejado de ser la hija de mi padre, su juguete sexual. He dejado de ser la amante de otro hombre. He dejado de ser la personificación de la maldad en la que participé. Soy la hija del Rey, llamada y escogida por él. Limpia, perdonada, hecha nueva para vivir en su familia por siempre. Libre para amar y servir y tener una relación con él y con la Iglesia, para ser la persona que él me llamó a ser. ¡Alabado sea su nombre!

Capítulo Cuatro
CÓMO VENCER LA ESCLAVITUD DE LA AMARGURA (Paso 3)

Aquellos que han ayudado a otros a experimentar su libertad en Cristo, pueden testificar que el perdonar a otros es el problema principal que hay que resolver. La falta de perdón en los cristianos le ofrece a Satanás la mayor puerta de acceso a la Iglesia; y muchos creyentes están atados al pasado porque no han perdonado a otros como Cristo los perdonó a ellos.

POR QUÉ LAS PERSONAS SE RESISTEN AL PERDÓN

Algunas personas reaccionan negativamente a la idea de perdonar a otros porque la ven como otra forma de victimización, es decir que va en contra de su sentido de justicia. Por lo tanto piensan: «¡Ah, sí, cómo no, perdónalo y seguirá abusando de ti!» Lo ven como una señal de debilidad, de continuar la saga enfermiza de codependencia.

Pero es todo lo contrario, perdonar es un acto de valor que refleja la gracia de Dios. El perdonar no significa tolerar el pecado. Dios perdona pero no tolera el pecado. Por lo tanto, se deben establecer límites bíblicos para impedir el abuso continuado. El perdonar a otros es algo que haces para tu beneficio; y se hace más fácil cuando entiendes lo que significa y cómo hacerlo.

Algunos no quieren perdonar porque su deseo es vengarse. El buscar venganza es ceder a los planes del diablo. Esto te pone al mismo nivel que tu ofensor y usurpa el papel de Dios de ejecutar justicia. Pablo escribe:

> El perdonar a otros es algo que haces para tu beneficio...
>
> ℘

«No os venguéis, hermanos míos, sino dejad el castigo en las manos de Dios, porque escrito está: Mía es la venganza; yo pagaré, dice el Señor».[65] Otras personas sólo desean la pura satisfacción de odiar al miserable que les hizo daño. Pero aferrarse a la amargura únicamente enferma el alma. El intentar encubrirlo no engaña a nadie y mucho menos a nosotros mismos, porque «cada corazón conoce sus propias amarguras».[66]

Nadie niega que te hayan herido. Hay personas que han sido heridas severamente. Después de haber ayudado a centenares de personas a superar sus recuerdos dolorosos sobre atrocidades indecibles, mi corazón se conmueve en extremo por las víctimas. Cada vez que he trabajado con personas abusadas he quedado al borde de las lágrimas. Incluso después de escuchar cientos de historias, me cuesta creer la crueldad de la que son capaces los seres humanos.

Al inicio de este ministerio, pasé una temporada en oración y búsqueda del Señor. No quería escuchar más historias nefastas. De hecho, hoy en día no creo que pudiera oírlas si no tuviesen solución. Lo que me anima a continuar es ver la libertad que recibe la gente después de trabajar a través de los Pasos y perdonar de todo corazón. Le doy gracias al Señor que hay una salida para las personas que han sido heridas.

Les he dicho a cientos de personas en sesiones de consejería y te lo digo ahora a ti: «siento mucho lo que te ha pasado». En vez de tener un padre que te protegiera y cuidara, tuviste un padre que abusó de ti física, verbal y sexualmente. En vez de una madre que te consolara y te animara, tuviste una madre que te maltrató verbalmente. En vez de tener un pastor que te guiara, tuviste un pastor legalista que intentó controlarte bajo una nube de condenación. Lo que pensaste que sería una cita romántica, terminó siendo una violación.

> ...hay una respuesta para las personas que han sido heridas.
>
> ☙

La gran mayoría de los agresores nunca regresarán a pedirte perdón. Ni siquiera reconocerán que hicieron algo malo. Eso dificulta aún más el perdón, porque la víctima siente que el culpable se salió con la suya. Puede que estés sufriendo las consecuencias del pecado de un agresor y él ni siquiera reconozca que pecó contra ti. A todas las mujeres lectoras yo deseo reconocer y pedir disculpas por la forma en que nosotros los hombres os hemos mirado como si fueseis objetos sexuales, y por la forma en que os hemos tocado y agredido. Como padre, esposo y hombre, os pido perdón. ¿Nos podéis perdonar? No fue vuestra culpa y no hicisteis nada para merecerlo. Somos nosotros quienes estamos enfermos. Como padre y abuelo, quiero pediros a todas las que estáis leyendo este libro que nos perdonéis como padres, por nunca haberos abrazado, protegido ni creído en vosotras. ¿Nos podéis perdonar – por vuestro propio bien?

CÓMO SEGUIR CON EL TERCER PASO

Te animo a pedirle a Dios que te recuerde a qué personas debes perdonar y luego te explicaré lo que significa perdonar y cómo puedes hacerlo. En la siguiente oración, pedirás los nombres de las personas a quienes debes perdonar.

> **Querido Padre celestial**, te doy gracias por la riqueza de tu bondad, paciencia y tolerancia hacia mí, pues sé que tu bondad me lleva al arrepentimiento. Confieso que no he mostrado la misma bondad y paciencia hacia quienes me han herido u ofendido. Al contrario, he guardado mi ira, amargura y resentimiento hacia ellos. Por favor, trae a mi mente todas las personas a quienes debo perdonar, para hacerlo ahora. En el nombre de Jesús. **Amén.** [Romanos 2:4].

HACER UNA LISTA

Cuando hayas finalizado la oración, en una hoja aparte, haz una lista de las personas que vengan a tu memoria. Cerca del noventa por ciento de las veces, los primeros que se mencionan son los padres. Los primeros nombres que vengan a tu mente generalmente serán los de aquellos que te hayan causado más dolor. Otros pueden caer en la tentación de pensar: «No tengo a quién perdonar».

Eso es muy poco probable, ya que todos hemos sufrido a manos de otra persona. Escribe los nombres que te vengan a la mente en este momento. El Señor desea que tengas una vida libre en él, pero no te será posible si la amargura te mantiene esclavizado al pasado. Él te ha ordenado que perdones por tu propio bien, de modo que él te hará recordar aquellas personas y acontecimientos a los cuales estás encadenado por falta de perdón. Cuando perdonas, liberas al cautivo, y entonces te das cuenta que el cautivo eras tú. ¿Cuáles son los familiares a los que debes perdonar?, ¿maestros?, ¿jefes?, ¿amigos?, ¿compañeros de trabajo?, ¿líderes de Iglesia?

> Cuando perdonas, liberas al cautivo, y entonces te das cuenta que el cautivo eras tú..
>
> ∽

EL TRATO CON UNO MISMO Y CON DIOS

Hay dos nombres, que la mayoría de las veces se pasan por alto: uno mismo y Dios. En muchos casos, la ira contra uno mismo o contra Dios es mayor que cualquier otra. El diablo utiliza nuestra ignorancia acerca de quién es Dios y Sus caminos, así como nuestra irresponsabilidad, para bombardearnos con pensamientos como los siguientes: «Dios no te va a ayudar. Él no te ama. ¿Cómo puedes llamarte cristiano y comportarte así?» «Mira qué débil e impotente eres». Las personas que luchan con pensamientos como éstos están enojadas consigo mismas y/o con Dios, y desilusionados con la vida cristiana.

El concepto de «soltar» la ira, la culpa y la condenación hacia uno mismo es algo que muchas personas nunca han considerado. Esos sentimientos surgen de nuestra incomprensión de cómo Dios nos ha limpiado y perdonado. Sólo Dios puede perdonar nuestros pecados, los cuales nos separan de él, y así lo ha hecho. Pero nosotros debemos perdonarnos por nuestros fracasos, por fallarle a Dios y por herir a otros. De otra forma creeremos la mentira de que debemos expiar nuestros propios pecados.

Los creyentes paralizados por la condenación, son víctimas del acusador de los hermanos (Satanás), o de su propia mala consciencia, en vez de escuchar la verdad de la gracia de Dios. La mala consciencia es una culpa psicológica - el producto de vivir por años bajo creencias religiosas legalistas en las que sólo recibimos lo que merecemos. Estas personas viven como si la muerte de Cristo no hubiera sido suficiente para cubrir sus pecados. Aún si pudieses ser crucificado no lograrías nada. El apóstol Pablo nos advirtió de esto cuando dijo: «No dejéis que os prive de esta realidad ninguno de esos que se ufanan (se hinchan de vanidad) en fingir humildad». [67]

El perdonarte a ti mismo no demuestra arrogancia porque

tú no estás «ganando» ese perdón. Sólo Dios puede perdonar nuestros pecados a través de su hijo. Perdonarnos a nosotros mismos, en realidad, es aceptar el perdón de Dios. El perdonarnos es decirle a Dios: «Señor, creo que Tú me has perdonado y me has limpiado de mis pecados. Por a Tu gran amor y gracia - no porque yo lo merezca - escojo no condenarme más porque Tú me has perdonado. Recibo tu perdón y limpieza».

SOLTAR AMARGURA DIRIGIDA A DIOS

La amargura hacia Dios es mucho más común de lo que muchos quisieran admitir. Pero cuando son honestos sobre su ira contra Dios, otra fortaleza comienza a derrumbarse. Piensan que Dios ha sido injusto, o que les ha fallado...al no contestar una oración importante ...por permitirles sufrir y no rescatarles ...por no otorgarles cierta bendición, apariencia, dones, habilidades, éxitos o seguridad económica.

Obviamente, Dios no necesita ser perdonado porque él no puede cometer ningún pecado de comisión ni de omisión. Pero debemos destruir «los argumentos y toda altivez que se levanta contra el conocimiento de Dios» y llevar «cautivo todo pensamiento para que se someta a Cristo».[68] La estrategia de Satanás es ponernos en contra de Dios al levantar pensamientos en su contra. Estos pensamientos engañosos a menudo son algo como: «Dios no me ama», «Él no va a hacer nada para ayudarme» y hacen que nos rebelemos en contra de su Señorío. Derrotamos a Satanás cuando liberamos a Dios de nuestras falsas expectativas y dejamos de acusarlo de nuestros fracasos y del fracaso de la Iglesia de capacitar adecuadamente a los santos para que vivan una vida libre en Cristo.

A menudo, las personas no perdonan a otros por lo que les hicieron, sino por lo que creen que les hicieron. La amargura no siempre está basada en la realidad, sino en cómo la percibimos. Hay quienes colocan en su lista el nombre de su pastor por razones tontas como «no contestó el teléfono cuando llamé». Pero ¡el pastor no estaba en la casa o habría contestado el teléfono! El pastor no hizo nada malo, pero la persona pensó que sí, y por eso necesita perdonarlo. Las raíces de amargura brotan y corrompen [69] a muchos, debido a los malentendidos.

PENSAMIENTOS QUE SE LEVANTAN CONTRA DIOS

Es por ello que no es una blasfemia «perdonar» a Dios - porque la amargura no está basada en la realidad sino en pensamientos que se levantan contra el conocimiento de él. Dios entiende ese concepto mucho mejor que nosotros porque sólo él conoce los pensamientos y las intenciones de nuestros corazones. La única forma de vencer la amargura es al perdonar.

Cuando las personas se han enfrentado a su amargura hacia Dios, inmediatamente reconocen que Dios no ha hecho nada malo. El defenderle a Dios no te ayudará a superar tu amargura hacia él. Primero, Dios no necesita ser defendido. Segundo, el perdón comienza aceptándonos tal cual. Aconsejar a alguien que no sienta lo que está sintiendo hacia Dios u otras personas es inútil. No pueden cambiar sus sentimientos. Estaríamos, de forma sutil, rechazándolos al no aceptar o reconocer sus frustraciones y dolor. Si te sientes incómodo «perdonando» a Dios, puedes orar de la siguiente manera: «Señor, sé que no has hecho nada malo, pero deseo arrepentirme por la ira que he sentido hacia Ti por...» Es necesario enfrentar los sentimientos de enojo, o no será de beneficio continuar, ya que Dios es tu única esperanza.

La mayoría de las personas no se someterán a Dios si sienten amargura hacia él o si piensan que no pueden confiar en él. Te puedo decir por experiencia propia que el enfrentar la amargura hacia Dios y resolverla, produce sanación y restauración. Job es un buen ejemplo de un creyente que se arrepintió de su ira hacia Dios: «Por lo tanto me retracto de lo que he dicho, y me arrepiento en polvo y ceniza».[70] Perdonar a los demás no es un ejercicio de autosuficiencia ni un intento de encontrar culpables, sino una experiencia de humildad y sanación que desafía al dolor y al odio, y escoge el camino de la Cruz.

RENUNCIAR A NUESTRO DERECHO DE CULPAR A OTROS

Algunas personas manejan sus dolor emocional señalando a otros: «Esa persona me violó» o «Estoy sufriendo por culpa de esa persona». Aun cuando sea cierto, eso no resuelve el problema. El culpar al otro puede ser una forma de cubrir tu propia culpa, o bien revela un corazón que está más propenso a vengarse que a perdonar.

Echar la culpa a otra persona puede ser simplemente una excusa para mantenerse esclavo de la amargura. La razón por la que muchos aún sienten el dolor emocional del pasado, es porque no han perdonado. Siento empatía por esas personas porque han sido heridas. Pero también me importa lo suficiente como para ayudarles a darse cuenta de que a gente buena le suceden cosas malas cada día, y puede que les suceda de nuevo. No puedo garantizar que una mujer no será violada, pero puedo decir que Dios tiene los medios para que ese evento no la controle por el resto de su vida. Nadie puede arreglar tu pasado, pero por la gracia de Dios puedes ser libre de él.

El perdón es un acto de la voluntad por el cual renunciamos al derecho de vengarnos por una ofensa cometida en contra nuestra. Dios pudo haber justificado su ira contra toda la humanidad, pero en cambio, «Al que no conoció pecado alguno, por nosotros Dios lo trató como pecador, para que en él recibiéramos la justicia de Dios».[71] ¿Fue difícil para Jesús aceptar la voluntad de su Padre? A Pedro, Santiago y Juan, les dijo: «Es tal la angustia que me invade, que me siento morir»,[72] y clamó: «Padre mío, si es posible, no me hagas beber este trago amargo. Pero no sea lo que yo quiero, sino lo que quieres tú». La voluntad de nuestro Padre celestial fue que Jesús fuera a la cruz, pero la gracia de Dios fue muy evidente en su hora de agonía. Cuando Jesús miró a los que lo iban a crucificar, dijo: «Padre perdónalos, porque no saben lo que hacen».[73]

La Cruz revela el precio del perdón y el dolor de soportar el castigo del pecado de otro. En la Cruz, Jesús murió una vez por todos los pecados del mundo. [74] Esto quiere decir que él pagó la pena de mis pecados, tus pecados, y de todos los pecados que en este mundo hayan cometido otras personas contra sus semejantes. La víctima reclama: «¿Dónde está la justicia?» Está en la Cruz. El acto de perdonar a otros sin la Cruz sería una atrocidad moral.

De la misma forma que Dios nos ha perdonado, él desea que perdonemos a otros: «Abandonad toda amargura, ira y enojo, gritos y calumnias, y toda forma de malicia. Más bien, sed bondadosos y compasivos unos con otros, perdonándoos mutuamente, así como Dios os perdonó en Cristo».[75] Cuando te enfrentas a la realidad de perdonar a los demás, ten por seguro que la gracia de Dios siempre te capacitará para hacer la voluntad de Dios.

Muchos cristianos tratan de perdonar una y otra vez, pero siguen heridos y confundidos. No han comprendido cómo perdonar de corazón, o no han terminado todos los Pasos para así completar el proceso. El perdonar de corazón es parte del sometimiento a Dios, pero necesitarán el resto de los Pasos antes de estar listos para resistir al diablo. Las personas ganan una gran batalla en este Paso, pero la libertad completa no suele llegar hasta el último Paso.

IMPEDIR QUE SATANÁS SE APROVECHE

Una de las enseñanzas más contundentes acerca del perdón la encontramos en Mateo 18: 21-35. En este pasaje hay varios asuntos que podemos destacar. Primero, debemos continuar perdonado todas las veces que pequen contra nosotros. Segundo, la medida en que Dios nos perdona es mucho más alta que la medida a la que seremos llamados a perdonar a otros. Tercero, es imposible retribuir. Cuarto, debemos perdonar de corazón; de lo contrario, sufriremos las consecuencias —ser torturados por el acusador de los hermanos. Si no perdonamos como hemos sido perdonados, nuestro Padre celestial nos entregará en manos de los torturadores (ver versículos 34 y 35). Esto no es porque no nos ame, sino porque él no desea que vivamos bajo la esclavitud de la amargura. Él desea que vivamos vidas libres y productivas en Cristo. Dios disciplina a quienes ama.

Pablo nos advierte de caer en las garras de Satanás cuando nos negamos a perdonar: «A quien vosotros perdonéis, yo también lo perdono. De hecho, si había algo que perdonar, lo he perdonado por consideración a vosotros en presencia de Cristo, para que Satanás no se aproveche de nosotros, pues no ignoramos sus artimañas [pensamientos]».[76] No debemos pecar en nuestro enojo, porque eso también le da ventaja al diablo. [77]

JUSTICIA, MISERICORDIA Y GRACIA

Considera estas definiciones sencillas de la justicia, la misericordia y la gracia con respecto a las relaciones personales: Justicia es darles a las personas lo que se merecen. Si Dios nos tratase con justicia absoluta, todos iríamos al infierno. Dios es un Dios justo y: «la paga del pecado es muerte».[78]

Misericordia significa no darles a las personas lo que se merecen. «Pero cuando se manifestaron la bondad y el amor de Dios nuestros Salvador, él nos salvó, no por nuestras propias obras de justicia sino por su misericordia».[79] La justicia tenía que llevarse a cabo, de modo que Jesús recibió la ira de Dios por nosotros.

La gracia es darnos lo que no merecemos: «Porque por gracia habéis sido salvados mediante la fe».[80] El perdón y la vida eterna son regalos gratuitos que Dios nos ha dado.

De manera que el Señor nos instruye: «Sed compasivos (misericordiosos), así como vuestro Padre es compasivo».[81] No damos a los demás lo que se merecen (sé misericordioso); sino lo que no se merecen (ofrece gracia). Dios nos ha llamado a amar a las personas, no porque sean encantadoras o merezcan ser amadas, sino porque ahora somos «participantes de la naturaleza divina».[82] Dios nos ama porque amarnos forma parte de su naturaleza: «Dios es amor».[83] «De este modo todos sabrán que sois mis discípulos, si os amáis unos a otros».[84] Esta habilidad de amarnos los unos a los otros nos es dado sólo por la gracia de Dios, asimismo nos es dada la habilidad de perdonar como hemos sido perdonados.

La palabra mas común en el griego que se traduce como «perdón» en el Nuevo Testamento, básicamente significa despedir o soltar. Cuando perdonamos, despedimos al diablo para que no nos atormente más, y soltamos el pasado para que no nos esclavice más. Al perdonar de corazón nos liberamos del dolor y la ira.

LO QUE HAY QUE EVITAR

Hay dos grandes errores que conviene evitar al abordar el tema del perdón. El primero es más común entre psicólogos y consejeros debido a la influencia del ámbito secular. Ellos enseñan que el perdón es un proceso y les dicen a algunas personas que no están preparadas para perdonar. Dicen que primero deben repasar todos los recuerdos dolorosos, y entonces podrán perdonar. El problema es que ese momento nunca llega. Repasar una y otra vez los recuerdos dolorosos sólo profundiza las heridas y refuerza el abuso. El mensaje implícito es que uno debe sanar para poder perdonar, pero en realidad es todo lo contrario: perdonamos para poder sanar.

El otro error es más frecuente entre gente de iglesia. Un caso extremo podría sonar así: «No debes sentirte así; sólo necesitas perdonar», pero con esa frase están eludiendo el perdón. Debemos perdonar de corazón. El perdonar es una decisión difícil que incluye: (1) permitirle a Dios traer a nuestra mente los nombres de cada persona que nos ha ofendido y los recuerdos dolorosos; (2) aceptar que viviremos con las consecuencias del pecado de otra persona sin buscar venganza; y (3) dejar que el Señor trate con el ofensor a su manera y en su tiempo.

Todo perdón es sustitutivo. Es decir, que Cristo pagó el precio de nuestros pecados y nosotros pagamos el precio por los que pequen contra nosotros. En un sentido práctico, perdonar es aceptar que viviremos con las consecuencias del pecado de otro. «Pero eso no es justo», podéis protestar. Por supuesto que no lo es, pero lo tendremos que hacer de todas formas. Todos vivimos con las consecuencias del pecado de otra persona, así como vivimos con las consecuencias del pecado de Adán. Tenemos la opción de hacerlo esclavizados por la amargura o liberados por el perdón.

> ...perdonar es aceptar el vivir con las consecuencias del pecado de otra persona.
>
> ℰℐ

CÓMO LLEGAR AL CENTRO EMOCIONAL

Al orar por la lista de nombres, detente en cada individuo hasta que estés seguro de haber tratado todo recuerdo doloroso: lo que él/ella te hizo, cómo te hirió, cómo te hizo sentir (rechazado, indigno, sucio, etc.). Este proceso es importante porque al enfrentar específicamente cada daño llegamos al centro emocional - donde ocurrió el daño y donde se produce la sanación. Si se perdona superficialmente, los resultados de libertad y sanación serán también superficiales.

Muchas personas han deseado perdonar sinceramente pero no han podido, porque no entendieron la verdadera fuente de su amargura y las subsiguientes mentiras que creyeron sobre sí mismas. Los sentimientos de abandono son un ejemplo. El perdonar a alguien por haberte herido puede que trate apenas con el síntoma. Necesitas preguntarte: «¿Qué fue específicamente lo que me pasó?» «¿Cómo respondí en ese momento?» y «¿Cómo me ha afectado hasta el día de hoy?» Enojo, tristeza y depresión son sólo consecuencias emocionales de lo que pasó.

El maltrato de carácter físico, emocional, espiritual o sexual puede dañar profundamente el concepto de ti mismo. Hace que tu identidad quede entrelazada con el abuso sufrido. Una víctima de violación puede sentirse como una zorra, y otra abusada emocionalmente puede sentirse insignificante. Perdonar a alguien por provocar estos sentimientos, no va a solucionar el problema.

Más bien debe perdonar de la siguiente manera: «Perdono al hombre que me violó, por forzarme a tener relaciones sexuales con él en contra de mi voluntad, y por violar mi cuerpo, que es el templo de Dios, cuando mi deseo era glorificarlo en mi cuerpo. Renuncio a la mentira de que soy una zorra y de que mi cuerpo es sucio». (Hablaremos más al respecto en el Paso Seis.) O puede que necesites orar: «Perdono a mi madre por decir que yo nunca llegaría a nada en la vida y por denigrarme constantemente al decir _____ [se específico], porque me hizo sentir_____ [explica cómo te hizo sentir, por ej. incompetente, inferior, insignificante, etc.). Renuncio a las mentiras que he creído acerca de mí mismo. No soy esa persona terrible que mi madre dijo que yo era; soy un hijo de Dios y escojo creer lo que él dice acerca de mí».

Las experiencias dolorosas de la infancia forjan nuestra percepción personal. Es común escuchar a alguien orar, entre lágrimas, «Señor, perdono a mi padre (o madre) por golpearme, por no interesarse en lo que estaba pasando en mi vida, por no creer en mí cuando le conté sobre el abuso sexual. Lo perdono por lo que me hizo y dijo, haciéndome sentir sucio, indigno de amor e insignificante». Esa programación negativa contribuye a una percepción personal distorsionada. Perdonar a otros les conecta con un Padre amoroso que les ve como hijos Suyos, limpios por la sangre del Cordero.

Las fortalezas mentales se derriban a medida que las personas perdonan a quienes les han ofendido. Han vivido durante años bajo la condenación de esas etiquetas. Para el cristiano liberado: «Ya no hay ninguna condenación para los que están unidos a Cristo Jesús». [85] Exponemos las mentiras para poder vivir de acuerdo a la verdad de quienes somos realmente en Cristo.

CÓMO PREPARAR EL CORAZÓN

La amargura es como tomar veneno, esperando que la otra persona se muera. Es al alma lo que el cáncer es al cuerpo. Si supieras que tienes un cáncer que puede ser extirpado, ¿no le dirías al doctor: «¡Venga! ¡Quítemelo todo!»? La amargura, como el cáncer, afecta cada parte de tu ser. Perdonar de corazón a los que te han hecho daño es la manera que tiene Dios de extirpar el cáncer.

Desgraciadamente, este cáncer del alma es una enfermedad

contagiosa que puede afectar a otros. Es por ello que la Palabra de Dios dice: «Aseguraos de que nadie deje de alcanzar la gracia de Dios; de que ninguna raíz amarga brote y cause dificultades y corrompa a muchos».[86] Una sola raíz de amargura puede corromper a una familia o a toda una iglesia.

Dios te puede recordar personas que te han ofendido, o situaciones dolorosas que habías olvidado por completo. Permítele hacerlo, aunque te duela. Recuerda que estás haciendo esto para tu bien. No racionalices ni justifiques la conducta del agresor. Al perdonar resuelves el problema de tu dolor y dejas que Dios se encargue de él. Los sentimientos positivos vendrán más adelante; lo que importa en estos momentos es librarte del pasado.

No digas: «Señor, ayúdame a perdonar» porque él ya te está ayudando. Tampoco digas: «Señor, quiero perdonar», porque de esa manera eludes la decisión de perdonar, la cual es difícil pero es tu responsabilidad. Quédate pensando en cada persona de la lista hasta que tengas la seguridad de haber resuelto todo el dolor que recuerdes: lo que te hicieron, cómo te hirieron, qué sentimientos provocaron (rechazado, falto de amor, indigno, sucio, etc.).

¿Estás listo para perdonar a las personas de tu lista, para ser libre en Cristo, y para que ni esas personas ni tu pasado sigan teniendo control sobre ti? Si estás listo, haz la siguiente oración en voz alta, por cada persona de tu lista:

Señor, *decido perdonar a* _____ *[nombra a la persona] por* _____ *[lo que hizo o no hizo]*_____ *lo cual me hizo sentir* _____ *[dile al Señor cada dolor que él traiga a tu mente.]* **Amén**.

QUÉ SUCEDE AL ORAR

Una joven dijo: «No puedo perdonar a mi madre. ¡La odio!» Pero ahora...¡sí que puede! El Señor no te está pidiendo que quieras a los que te han herido. No puedes negar o jugar con tus emociones de esa manera. Él desea que perdones para que cese el dolor que estás experimentando.

Algunas personas se muestran reacias a perdonar a otros sus ofensas por considerar que al hacerlo los están juzgando o condenando. Cuando una joven anoréxica llegó al nombre de su padre en la lista, dijo: «Siento como si yo tuviese que pedirle perdón a él». Yo le dije: «Es posible, pero eso no es lo que estamos tratando aquí. Estamos ocupándonos de tu dolor».

A veces sucede que una persona lucha entre los sentimientos de amor y lealtad hacia sus padres, por un lado, y la necesidad de enfrentar el dolor que ellos le causaron, por el otro. Perdonar a nuestros padres por ser imperfectos no es condenarlos. No los condenamos por sus imperfecciones; sus padres también fueron imperfectos. Pero enfrentar la verdad y perdonar a nuestros padres es lo que detiene el círculo vicioso que se repite de generación en generación.

Al recorrer tu lista, asegúrate de permanecer con la misma persona hasta haber tratado con cada memoria dolorosa que Dios te traiga a la mente. Muchas personas han tratado de enterrar los recuerdos dolorosos en el subconsciente. Tal supresión se considera una negación consciente. Otras personas sinceramente no recuerdan lo que les sucedió. El Señor permitió que eso sucediera. El dolor era demasiado fuerte para sobrellevar en ese momento, por lo que el Señor permitió que se disociaran. El Señor a menudo trae memorias reprimidas más adelante cuando hay suficiente madurez, el apoyo adecuado, y los medios para resolverlo. Al hacer los Pasos, Dios a menudo trae a la memoria recuerdos reprimidos. Hay quienes intentan tratar con su dolor negando que les haya ocurrido algo malo o fingiendo que no les ha molestado. Pero Dios nunca obra a través de la negación o el encubrimiento.

LAS EMOCIONES VARÍAN

El perdón genuino trae una catarsis emocional para muchos, mientras que otros quedan emocionalmente bloqueados e incapaces de sentir emoción alguna. Fue el caso de una misionera que miró su lista y la apartó lentamente. Luego la vio de nuevo, y otra vez la rechazó, y dijo: «Hace tres meses que mi terapeuta intenta hacerme llorar». Pero yo no había dicho nada acerca de llorar. Finalmente, ella tomó la lista y comenzó con el primer nombre: «Señor, yo perdono a...» y rompió en llanto. Años de dolor salieron a la superficie a medida que perdonó a las personas una por una.

Algunos tratan con sus listas de una manera más bien estoica. Eso se debe a los diferentes temperamentos que tenemos. Las lágrimas no son la única forma de expresar dolor y pena. Ciertas personas reconocen los agravios sufridos y con dolor deciden perdonar de todo corazón, sin derramar una sola lágrima. No obstante, puede que nunca hayas identificado las verdaderas raíces de tu dolor. Hazte la siguiente pregunta: «¿Cómo me hizo sentir esa situación en el momento?» o «¿Al pensar en ello ahora, cómo me hace sentir?» Puede que te invada una fuerte conmoción. Puede que algunos perdonen sin expresar emoción alguna hasta que llegan a un nombre en particular de su lista, y entonces surgen las emociones.

ENFRENTAR EL DOLOR Y SEGUIR ADELANTE

El principal objetivo es enfrentar la verdad, reconocer el dolor, perdonar a quien te hizo daño y seguir adelante. Para muchos, ésta es la primera vez que han reconocido, entendido y enfrentado la raíz de su dolor. Permítete experimentar el dolor y expresar lo que sientes. Puede que, por miedo a pasar por este proceso, decidieras enterrar tus emociones y vivir en negación. Pero es necesario que esto suceda. No puedes estar bien con Dios, y al mismo tiempo no ser sincero.

A algunas personas les enseñaron a no expresar sus emociones, sobre todo las negativas: «Los hombres no lloran», o «No está bien expresar los sentimientos. Demuestra debilidad». ¿Alguna vez te dijeron que mostrar tus emociones era malo o que sólo lo hacían los débiles? ¿Qué te sucedió cuando expresaste tus emociones en casa? ¿Crees que está mal expresar lo que sientes? Para ser libre en Cristo, debes perdonar a los que te enseñaron a responder de esa forma y renunciar a las mentiras que te dijeron con respecto a tus emociones. Aquel que es libre en Cristo, también es emocionalmente libre.

Una mujer nunca había podido sentir tristeza por ella misma, pero sí podía llorar por otros. De niña, su padre había abusado de ella, y para que guardase su secreto la amenazó con hacerle aún más daño si ella lloraba o se lo contaba a alguien. Cuando esta experiencia salió a flote mientras perdonaba, la animaron a renunciar a la mentira de que ella no debía sentir sus emociones y a declarar la verdad de que Dios la creó con la capacidad emocional de expresar gozo, tristeza, risa y llanto. Al hacerlo, aparecieron las primeras lágrimas y después lloró, y continuó sollozando por un buen rato.

Hay personas que resuelven todos sus problemas la primera vez que hacen los Pasos. Son como un plátano que se pela de una sola vez. Sin embargo, no todos logran cubrir todo su pasado en una sola vez. Sin embargo, no todos logran cubrir todo su pasado en una sola sesión. Otras personas se parecen más a una cebolla. La primera vez sólo quitan la capa exterior. Pueden sentir una gran emoción, como que les acaban de quitar un peso muy grande. Resolvieron hasta donde sabían, pero en los días siguientes es posible que recuerden otras cosas. Ahora saben qué hacer cuando afloren otros recuerdos dolorosos, o son ofendidos de nuevo. Se debe resolver lo que se sabe, y si hay más, el Señor lo sacará a la luz a su debido tiempo. Y cuando lo haga, siempre habrá alguien a quien perdonar y algo a lo que se deba renunciar.

TU NUEVA IDENTIDAD

A medida que trabajas en tu lista, puede resultarte útil representar gráficamente tu identidad «antes y después». Toma una hoja en blanco y dibuja una línea vertical por la mitad de la página. En el encabezamiento del lado izquierdo escribe «La vieja identidad». En esta columna escribe todas las cosas negativas que has dicho de ti mismo o que otros han dicho de ti. Encabeza la columna derecha con «Mi nueva identidad en Cristo» y escribe lo que realmente eres en Cristo.

Recuerda las palabras que describen lo que piensas de ti mismo como consecuencia del abuso, y escríbelas en la columna izquierda, por ej.: «sucio», «despreciable», «abandonado», «insignificante», e «inútil». Presta especial atención a las palabras que provinieron de personas de influencia en tus primeros años (madre, padre, hermanos, etc.). Estas etiquetas influenciaron tus creencias y tus patrones de conducta.

Cuando compras en el supermercado un bote o un envase de comida, éste lleva una etiqueta del fabricante que describe su contenido. A medida que vas por la vida – las malas experiencias, las cosas que te hacen, lo que te dicen, las cosas malas en las que participas – Satanás está ahí con papel y lápiz escribiendo una etiqueta para tu vida. Ahora que estás vivo en Cristo, ya no eres un producto de tu pasado, sino el fruto de la obra de Cristo en la cruz. Todas las antiguas etiquetas del mundo dejaron de describir el contenido de tu identidad. Renuncia a las mentiras y escoge la verdad. Aquí te damos algunos ejemplos:

Para aquellos que fueron traicionados por su padre y han

transferido esa desconfianza a su Padre celestial: «Señor, renuncio a las mentiras que he creído acerca de Ti por la forma en que me trató mi padre terrenal. Declaro la verdad de que Tú no eres como él. Tú eres perfectamente amoroso y fiel».

Para aquellos que se creen responsables de mantener unidas a sus familias disfuncionales y los que fueron el apoyo emocional de sus padres: «Señor, renuncio a la mentira de que soy responsable de ser el salvador de quienes me rodean o de que siempre debo ser fuerte porque soy responsable por otros. Gracias, Señor, que está bien que yo sea honesto acerca de mi propia necesidad. Gracias que cuando soy débil, Tú eres fuerte en mí». (Ver 2 Corintios 12: 9)

Para aquellos que han sido denigrados constantemente por las personas que en su vida representaron la autoridad: «Señor, renuncio a la mentira de que soy indigno e insignificante. Declaro la verdad de que soy Tu hijo especial y soy preciado para Ti». O «Señor, renuncio a la mentira que soy la víctima impotente que creí ser de niño. Declaro la verdad de que todo lo puedo en Cristo que me fortalece». (Ver Filipenses 4: 13)

EN BUSCA DEL PERDÓN DE OTROS

Algunos son reacios a perdonar porque creen que es necesario ir a esas personas. La idea de ver personalmente a sus ofensores es demasiado traumática para siquiera considerarla. Para perdonar a otros, uno sólo necesita ir a Dios. No hay que confundir perdonar a un semejante con pedirle perdón, lo cual se nos exige en Mateo 5: 23- 26. Si sabemos que alguien tiene algo contra nosotros, el Señor requiere que vayamos a esa persona antes que a él y busquemos la reconciliación.

Lo importante es que recordemos que si hemos herido a alguien, debemos buscar a esa persona antes de ir a la iglesia. Pero si somos nosotros los que hemos sido heridos, necesitamos ir primero a Dios para poder perdonarlos. El perdón siempre precede a la reconciliación. Pablo escribió: «Si es posible, en cuanto dependa de vosotros, vivid en paz con todos». 87 Pero no siempre depende de uno, ya que no puede haber reconciliación con alguien que no desea reconciliarse. La meta es quedar libres del pasado y de los que nos perjudicaron. La reconciliación puede que suceda, pero sólo si el agresor asume la responsabilidad de sus acciones y honestamente busca el perdón. La libertad del agraviado nunca está supeditada a que su agresor se haga responsable de sus actos. Sin importar lo que el agresor haga, debes perdonarlo de corazón. Si dejas que el perdón dependa de la persona que te lastimó, te controlará por el resto de tu vida. Puedes protestar: «Es que tú no sabes cuánto me hirió». En realidad te sigue hiriendo. El perdonar es la forma de parar el dolor. El perdonar de corazón es un proceso agotador, pero con él lograrás resolver un conflicto importante entre tú y Dios. Satanás ya no tendrá derecho a torturarte. Es normal que te sientas exhausto, pero toma un breve descanso, estira los músculos, bebe un vaso de agua, y estarás listo para seguir al próximo Paso. Pero antes, termina este Paso con la siguiente oración:

Señor, desecho mi resentimiento. Gracias por liberarme de la esclavitud de mi amargura. Suelto mi derecho a buscar venganza y te pido que sanes mis heridas emocionales. Ahora te pido que bendigas a _____ (nombra la persona). En el nombre de Jesús. **Amén.**

Capítulo Cinco
CÓMO VENCER LA REBELIÓN (Paso 4)

Una joven pidió una cita para hablar con su pastor, deseosa de resolver un asunto personal con su familia, pero durante el proceso de Los Pasos salió a relucir una relación matrimonial extremadamente abusiva, la cual terminó en divorcio. Ella se había vuelto a casar, pero volvió a caer en el mismo ciclo de abuso. Las enseñanzas del pasado y la presión de familiares y amigos sólo sirvieron para reforzar la falsa idea de que la sumisión consiste en aguantar pasivamente el abuso físico y emocional. Su estrategia de sobrevivencia se derrumbaba, así como su capacidad de hacer frente a la situación.

Como ella, muchas personas se pasan la vida intentando complacer a quienes los abusan, esperando algún día lograr vivir de acuerdo a sus expectativas y recibir la aceptación y la aprobación que creen necesarias para sentirse valiosas. Sin embargo, hazte esta pregunta: ¿Qué pasaría si tu madre, padre o cónyuge nunca te aceptaran ni te dieran la aprobación que crees necesitar? Esa es una posibilidad muy real, pero tú no necesitas su aprobación si sabes quién eres en Cristo, pues el Dios del universo ya te ha aceptado y afirmado.

Otros escogen hacer todo lo contrario - conscientemente deciden que nunca más serán maltratados por nadie, y se convierten así en rebeldes. Los dos, tanto el rebelde como el codependiente, tienen que encontrar su identidad, aceptación, seguridad y significado en Cristo para poder ser las personas que él diseñó.

¿QUIÉN TIENE EL CONTROL?

¿Quién dirías que tiene el control de tu vida en estos momentos? ¿Crees que eres tú mismo? Dios no creó tu alma para hacer la función de amo. En todo lo que hacemos servimos a Dios o a Mamón (dios falso).[88] El poeta dice: «Yo soy el señor de mi destino y el capitán de mi alma». ¡Pues no, no lo eres! El estilo de vida egoísta, egocéntrico,ególatra en realidad sirve al mundo, a la carne y al diablo, y nos engañamos al creer que es a nosotros a quien servimos.

El negarse a uno mismo es el camino de la Cruz. El decir «no» a nosotros mismos y «sí» a Dios es la lucha más grande en la vida. La mentira más grande es creernos que somos Dios. Ésta tuvo su origen en el Jardín del Edén cuando Satanás dijo: «Llegaréis a ser como Dios».[89] El peor error que podemos cometer es creer o pretender que somos Dios. Rendirle todo a Dios parece un gran sacrificio, pero ¿qué es lo que estamos sacrificando? Estamos sacrificando una vida limitada a cambio de una vida abundante. La gran ambición de la humanidad es la de ser felices como animales en vez de ser bendecidos como hijos de Dios.

Sacrificamos el placer de las cosas para ganar el placer de la vida. ¿Qué pedirías a cambio de amor, gozo, paz, paciencia, benignidad, bondad, fe, mansedumbre y dominio propio? ¿Un automóvil nuevo? ¿Una casa más grande? ¿Un ascenso en el trabajo? Creer que esas cosas te proveerán amor, gozo y paz es una mentira del mundo, aunque no hay nada intrínsicamente malo en obtener grados, títulos, y posesiones materiales. Sacrificamos lo terrenal para obtener lo eterno. ¡Vaya sacrificio! En realidad, negar nuestro derecho a la autodeterminación es una derrota magnífica. Únicamente cuando llegamos al final de nuestros recursos, descubrimos los recursos de Dios. El señorío no es una doctrina negativa porque somos liberados en Cristo cuando Jesús es el Señor.

APRENDE A CONFIAR EN DIOS

Beatriz fue criada en una familia religiosa muy legalista. Cuando conoció y luego se casó con Tomás, que también era cristiano, ella esperaba que su vida fuese completamente satisfactoria y que él le proveyese para todas sus necesidades. Cuando el matrimonio fracasó, su fantasía se disipó. Desilusionada y enfadada con sus padres y su esposo, creció en ella una profunda desconfianza hacia Dios. Esta actitud se convirtió en rebeldía, y desesperanza. Se aficionó a las religiones falsas y adoptó un estilo de vida mundano.

Alguien le dio alguno de mis libros y CDs, pero durante meses tuvo miedo de leerlos o escucharlos. Gracias a una amorosa persuasión, ella buscó ayuda, y fue guiada a hacer los Pasos hacia la Libertad.

¡Qué belleza ver los cambios en su vida!. El espíritu rebelde desapareció, y ella expresó: «Me siento como si estuviese enamorada». Y lo está... de Jesús, el amante de su alma. Antes intentaba controlar a las personas o las circunstancias con la esperanza de satisfacer sus necesidades. Pero desistió de su autosuficiencia, y ahora el Señor la está llenando de un creciente sentir de paz y seguridad. Ella explicó: «Ya no deseo las cosas que antes se me antojaban; sólo quiero conocer mejor a Jesús».

Cuando intentamos tomar las riendas en nuestras manos, tenemos la sensación que controlamos la situación; pero ¿Qué o a quién controlamos realmente?, ¿Acaso pudimos decidir qué día naceríamos? ¿O quiénes serían nuestros padres?, ¿O dónde naceríamos?, ¿Podemos escoger el día en que moriremos? ¿Tenemos el derecho o la capacidad de controlar a las personas o circunstancias de nuestra vida para que nos beneficie? No, el único control que tenemos está en decidir a quién serviremos. Paradójicamente, sólo tenemos autocontrol (templanza) cuando nos rendimos completamente a Dios. [90]

VIVIR BAJO AUTORIDAD

El Señor dijo: «La rebeldía es tan grave como la adivinación, y la arrogancia, como el pecado de la idolatría».[91] Desafiar a las autoridades nos pone en el campo del enemigo y nos somete a sus influencias. El dios de este mundo, el príncipe del poder del aire, está rugiendo como un león hambriento buscando a quién devorar. Dios dijo: «Poneros en fila y seguidme a Mí. Estáis bajo Mi protección si estáis bajo Mi autoridad». Satanás fue el autor de la rebelión, así que cuando nos rebelamos, estamos aceptando su liderazgo. Si la gente entendiera verdaderamente la realidad del mundo espiritual y lo que está escogiendo, renunciaría inmediatamente a su rebeldía para someterse a Dios.

Vivimos en una era de rebelión. Todos juzgan a quienes tienen autoridad sobre ellos. Vamos a la iglesia y criticamos el coro o la música en vez de adorar a Dios. Juzgamos al sermón en vez de dejar que el sermón nos juzgue a nosotros. ¿Cuántas veces has escuchado a alguien criticar la música o la predicación al salir de la iglesia? Criticamos al presidente, a nuestros representantes locales y nacionales, a nuestros pastores, a nuestros maestros, a nuestros cónyuges y a nuestros padres.

El Señor nos manda a someternos y orar por los que están en posición de autoridad sobre nosotros. El Apóstol Pablo escribió: «Todos deben someterse a las autoridades públicas, pues no hay autoridad que Dios no haya dispuesto, así que las que existen fueron establecidas por él. Por lo tanto, todo el que se opone a la autoridad se rebela contra lo que Dios ha instituido. Los que así proceden recibirán castigo».[92] El deseo de Dios es que nos sometamos a él y demostremos nuestra lealtad siendo sumisos a quienes él coloca como autoridad sobre nosotros. Renunciamos a nuestro derecho a gobernar y confiamos en que Dios trabajará a través de las líneas de autoridad que ha establecido para nuestro bien. Confiar en que Dios obrará por medio de personas que no son perfectas es un verdadero acto de fe. Realmente te sometes a la posición de autoridad, no a la persona.

Las Escrituras sí nos enseñan que hay circunstancias en las que debemos obedecer a Dios por encima del hombre. Cuando las autoridades gubernamentales nos ordenan que hagamos algo que el Señor nos prohíbe, o tratan de impedir que hagamos algo que Dios nos pide hacer, entonces debemos obedecer a Dios y no al hombre, como hicieron los cristianos de la Iglesia Primitiva en ciertas ocasiones.[93] De igual forma no tenemos obligación alguna de obedecer a quienes intentan ejercer su autoridad fuera de su jurisdicción. Por ejemplo: ni tu jefe ni tu profesora en el colegio tienen derecho a decirte qué debes hacer cuando estás en tu casa. Un policía no puede decirte qué debes creer o a qué iglesia debes asistir, pero si puede darte una multa si estás incumpliendo una la ley de tráfico.

RELACIÓN CON LA AUTORIDAD

Daniel es un ejemplo extraordinario de sumisión. Se podría decir que el Rey Nabucodonosor sobrepasó su autoridad al pedirle a Daniel y a su gente que hicieran algo contrario a su fe. Observemos como respondió Daniel: demostró respeto al rey y a los que llevaban a cabo los mandatos del rey. Nabucodonosor deseaba que los que estuviesen a su servicio comieran la comida que él había escogido. Daniel no quería contaminarse con la comida del rey, así que pidió permiso a su supervisor para comer lo que Dios establecía, siempre y cuando se mantuviese sano para servir al rey, que era lo único que el Rey quería. Como Daniel no fue desafiante ni irrespetuoso, «Dios hizo que Daniel se ganara el afecto y la simpatía del jefe de oficiales».[94] Daniel propuso una alternativa creativa para que el oficial no cayese en desgracia delante del rey y a la vez complaciese los deseos del rey de tener siervos sabios y sanos.

La oración del Padre Nuestro[95] es un modelo de cómo debemos apelar a aquellos que están en autoridad sobre nosotros. Primeramente, debemos saber cuál es nuestro lugar, lo cual se refleja en la frase: «Padre nuestro que estás en los cielos, santificado sea Tu nombre». En la mayoría de los sistemas judiciales debemos acercarnos al juez del tribunal con respeto; no hacerlo sería considerado un desacato ante el tribunal. Nos dirigimos respetuosamente al juez como «su Señoría».

Si existe un conflicto personal sin resolver entre tú y la autoridad ante la cual quieres apelar, primero debes resolver el conflicto. Eso se aplica al caso de Dios, como también a cualquier juez de un tribunal o a nuestro supervisor en el trabajo. No podíamos acercarnos a Dios hasta que él encontró una forma de perdonarnos; y todo juez que tenga un prejuicio personal a favor o en contra del acusado debe retirarse del caso. De la misma manera, si un adolescente ha sido irrespetuoso y desobediente con su padre deberá llegar a un acuerdo con él antes de pedirle las llaves del automóvil.

Segundo, debemos estar comprometidos con el éxito de quien está en posición de autoridad y deseoso de hacer su voluntad, siempre y cuando esto no implique una violación de nuestra identidad en Cristo. Este principio se refleja en la petición de: «Venga tu reino, hágase tu voluntad en la tierra como en el cielo»(vs.10). No debemos hacer nada que entorpezca la responsabilidad que Dios les ha dado. Ningún líder puede lograr mucho sin el apoyo leal de quienes están bajo su dirección. Si el que está en el lugar de sumisión se rebela, no prosperará. La Palabra nos dice: «Obedeced a vuestros dirigentes y someteos a ellos, pues cuidan de vosotros como quienes tienen que rendir cuentas. Obedecedlos a fin de que ellos cumplan su tarea con alegría y sin quejarse, pues el quejarse no les trae ningún provecho».[96]

Una de las estrategias más poderosas de Satanás es el de desacreditar a los líderes espirituales. Nuestra lealtad hacia quienes están en posiciones de autoridad sobre nosotros será probada. Esto ocurre sobre todo en ministerios cristianos y en el hogar. Todos son tentados con pensamientos sutiles como: «No me gusta como hizo eso», «yo lo hubiera hecho mejor», «esto es lo que yo haría si estuviese en su lugar», «yo soy la persona que debería estar dirigiendo esta obra». No tiene ninguna importancia si esos pensamientos provienen del infierno, de otros empleados desleales o de tu propia carne; según Santiago 3: 13 – 18 están mal:

> ¿Quién es sabio y entendido entre vosotros? Que lo demuestre con su buena conducta, mediante obras hechas con la humildad que le da su sabiduría. Pero si tenéis envidias amargas y rivalidades en el corazón, dejad de presumir y de faltar a la verdad. Esa no es la sabiduría que desciende del cielo, sino que es terrenal, puramente humana y diabólica. Porque donde hay envidias y rivalidades, también hay confusión y toda clase de acciones malvadas. En cambio, la sabiduría que desciende del cielo es ante todo pura, y además pacífica, bondadosa, dócil, llena de compasión y de buenos frutos, imparcial y sincera. En fin, el fruto de la justicia se siembra en paz para los que hacen la paz.

La mayoría de líderes escucharían nuestras apelaciones si supieran que nos importan su responsabilidad y su reputación. El Señor se abstuvo de juzgar a los israelitas, cuando Moisés intercedió por ellos. Moisés basó su petición en la reputación de Dios.[97] Dios sólo nos puede bendecir cuando somos sumisos,[98] y al hacerlo, obtenemos su favor.[99] La vida se nos hará más difícil si aquellos a quienes servimos fallan en sus responsabilidades. Cada pasaje que nos ordena a ser sumisos, termina con una promesa para quienes se someten y condenación para los que no se someten.

Tercero, nuestras apelaciones deben basarse en necesidades legítimas. Este principio se fundamenta en la frase: «Danos hoy nuestro pan cotidiano».[100] Todo líder está sujeto a las necesidades de aquellos a quienes sirve, y el Señor traerá convicción sobre quien no escuche el clamor legítimo de su gente. Sin embargo, las peticiones motivadas por deseos egoístas pueden en toda justicia quedar sin respuesta. No hay nada que desilusione más a un padre que un hijo malagradecido que exige más de lo que necesita.

Cuarto, nuestras apelaciones deben provenir de un corazón libre de amargura. Encontramos este principio en la frase: «Y perdónanos nuestras deudas, como también nosotros hemos perdonado a nuestros deudores».[101] Cualquier persona que haya permitido que brote una raíz de amargura y que haya contaminado a otros, no debe esperar el favor de parte de la autoridad. Cuando Simón pidió el poder de los apóstoles, Pedro rehusó diciendo: «Veo que vas camino a la amargura y a la esclavitud del pecado».[102]

Quinto, nuestras apelaciones deben buscar una dirección correcta para la vida, y esto lo vemos en la frase: «Y no nos dejes caer en tentación, sino líbranos del maligno».[103] Toda institución humana ha recibido su autoridad de Dios «para castigar a los que hacen el mal y reconocer a los que hacen el bien».[104]

CONFÍA EN LA PROTECCIÓN DE DIOS

Daniel también nos enseñó a confiar en la protección y la provisión de Dios cuando no podemos, en buena conciencia, obedecer los mandatos del rey. El rey Darío fue persuadido a «emitir y confirmar un decreto que exija que, durante los próximos treinta días, sea arrojado al foso de los leones todo el que adore a cualquier dios u hombre que no sea el rey».[105] Daniel no pudo honrar ese edicto, así que continuó orando y dando gracias al Dios todopoderoso, lo cual lo llevó al foso de los leones, pero el Señor cerró la boca de los leones.

Si tu jefe desea que mientas, no le faltes al respeto; apela a él o ella como lo expliqué anteriormente y ofrécele una alternativa. ¿Qué sucederá si tu jefe no acepta la alternativa y dice: «Si tú no haces lo que te mando, entonces buscaré a otro que lo haga»? Deja entonces que busque a otra persona que lo haga, y confía en que Dios proveerá para tus necesidades.

CÓMO ENFRENTAR EL ABUSO

¿Qué sucede cuando la figura de autoridad es abusiva? ¿Sería un acto de rebeldía denunciarlo? ¡Por supuesto que no! No está bien que un líder cristiano le diga a una mujer golpeada o a un niño maltratado que regrese a su casa y sea sumiso. «Pero es lo que dicen las Escrituras», dirá el agresor. Sin embargo no es todo lo que las Escrituras dicen al respecto. Dios ha establecido instituciones gubernamentales para que protejan a las mujeres y a los niños maltratados, porque el corazón de Dios sufre con el débil y el impotente. «La religión pura y sin mancha delante de Dios nuestro Padre es esta: atender a los huérfanos y a las viudas en sus aflicciones».[106]

Al agresor hay que entregarlo a las autoridades que Dios ha instituido. Ésta no es una acción vengativa por dos razones: primero, es obvio que el líder abusivo ha renunciado a su responsabilidad de proveer y proteger a los que Dios ha puesto bajo su cuidado. Sufrir abuso bajo alguien en autoridad sobre uno es una ofensa doble: además de ser víctima del abuso, uno pierde la protección dispuesta por Dios.

Segundo, nunca ayudarás a los agresores al permitir que continúen con esas conductas. Están haciendo daño a personas que necesitan ayuda. Si no les detenemos, el ciclo de abuso continuará. De hecho, el frenarles en realidad demuestra cuidado para con ellos. Ellos tienen el derecho de encontrar perdón y libertad en Cristo como cualquiera, pero la mayoría no lo harán si se les permite continuar en su pecado. Si tú fuiste abusado por tu padre, y tu madre, a pesar de saberlo, no hizo nada por ayudarte, ¿a quién crees que te será más difícil perdonar? Obviamente a tu madre.

Esto no quiere decir que uno no deba someterse a quienes están en posición de autoridad por el solo hecho de que no sean perfectos. Si así fuese, no podríamos someternos a nadie excepto a Dios. Lo que estoy diciendo es que hay medios bíblicos por los cuales el creyente puede apelar a esas personas que son imperfectas y que están en posición de autoridad, y que habrá momentos cuando deberás obedecer a Dios y no a los hombres. Para determinar cuándo rechazar la autoridad humana necesitamos discernimiento y una profunda convicción interna basada en la verdad, sean cuales sean las consecuencias. Si rehúsas someterte simplemente porque preferirías hacer las cosas a tu manera, entonces estás actuando con rebeldía.

QUÉ SIGNIFICA LA SUMISIÓN

Debido a los abusos de autoridad y las enseñanzas legalistas, el término sumisión ha adquirido una connotación negativa para muchas personas. Para ellos una persona sumisa es una marioneta que no cuestiona la autoridad. Hay quienes aceptan su papel e identidad de marioneta, mientras que a otros les molesta toda figura de autoridad, incluyendo a Dios. Pero Dios no es como las figuras de autoridad abusivas que conocemos. Él tiene en su corazón las mejores intenciones para nosotros. La única manera de lograr algún tipo de orden social es sometiéndonos a la voluntad de Dios y a Sus caminos. Sin estructuras de autoridad, lograríamos muy poco en el matrimonio, la familia, la iglesia, los negocios, o el gobierno, y sólo habría anarquía. La autoridad de Dios permite la coexistencia pacífica de su pueblo, quienes somos llamados a vivir y trabajar juntos.

El Apóstol Pablo instruye a las esposas a ser sumisas a sus esposos, y luego dice que todos (hombres y mujeres) debemos «someternos unos a otros, por reverencia a Cristo».[107] Esto significa que todos los cristianos deben estar dispuestos a cooperar en sus relaciones bajo las estructuras de autoridad que Dios ha estipulado. Todos estamos bajo la autoridad de alguien o algo, y estamos sujetos a las necesidades de los demás, porque hemos sido llamados a amarnos los unos a los otros.

SUMISIÓN, REBELIÓN Y LA BÚSQUEDA DE SIGNIFICADO

¿Qué quieren decir Pablo y Pedro cuando instruyen a las esposas a someterse a sus esposos? [108] ¿Por qué se rebelan algunas mujeres ante la idea de sumisión? ¿Por qué abusan algunos hombres de la autoridad que Dios les ha dado en el hogar? ¿Por qué Pedro y Pablo instan a los hombres a suplir las necesidades de sus esposas con amor? [109] Estas son algunas preguntas críticas a las que nos enfrentamos al discutir la distribución de roles en el matrimonio. Gran parte de la confusión y prácticamente toda la energía emocional que impulsa este debate, surge de un entendimiento erróneo del origen de nuestra identidad e importancia. Las personas tienden a basar su identidad en lo que hacen, y su sentido de importancia en posiciones y títulos. Concluyen erróneamente que su apariencia, su desempeño y su estatus proporciona su sentido de importancia.

Lo que determina nuestra identidad no es lo que hacemos, sino quiénes somos en Cristo. Es decir, lo que hacemos no determina quienes somos, sino lo contrario: lo que somos determina lo que hacemos. Antes de estar en Cristo, obteníamos nuestra identidad de nuestra herencia familiar, nuestro trabajo o profesión y nuestra condición social. Pero ahora que estamos en Cristo, «no hay griego ni judío, circunciso ni incircunciso, culto ni inculto, esclavo ni libre, sino que Cristo es todo y está en todos»,[110] y «no hay hombre ni mujer».[111] Estos versículos no anulan la función social de cada persona ni eliminan la estructura de autoridad. Más bien, nos enseñan claramente que la esencia de nuestra identidad se encuentra en Cristo y que debemos cumplir con nuestros roles en la vida como hijos de Dios.

Lo que determina nuestra importancia no es nuestra posición ni posesiones en el mundo sino nuestra posición en Cristo y las riquezas que poseemos en él. Cuando la madre de los hijos de Zebedeo intentó sentar a sus hijos al lado de Cristo, nuestro Señor aprovechó la ocasión para instruirnos sobre el liderazgo cristiano. «Como sabéis, los gobernantes de las naciones oprimen a los súbditos, y los altos oficiales abusan de su autoridad. Pero entre vosotros no debe ser así. Al contrario, el que quiera hacerse grande entre vosotros deberá ser vuestro servidor».[112] Todo líder está sujeto a las necesidades de quienes sirven bajo su dirección. El liderazgo en el hogar no es un derecho que se exige sino una inmensa responsabilidad, al igual que cualquier papel de responsabilidad social.

> Lo que hacemos no determina quienes somos; lo que somos determina lo que hacemos.
> ୫୬

LA IDENTIDAD DETERMINA LA IMPORTANCIA

El mundo nos dice: «No eres nada»; así que más te vale planificar, tener éxito y adelantar a los demás. Esto conduce a la malicia, al engaño, la hipocresía, la envidia y la calumnia.[113] La Biblia nos dice que sí somos algo; por lo tanto, debemos ser sumisos.[114] Los mandatos bíblicos sobre los roles en las relaciones interpersonales fueron dados en un contexto donde el asunto de nuestra importancia ya estaba resuelto por nuestra identidad y posición en Cristo.

> Pero vosotros sois linaje escogido, real sacerdocio, nación santa, pueblo que pertenece a Dios, para que proclaméis las obras maravillosas de aquel que os llamó de las tinieblas a su luz admirable. Antes ni siquiera erais pueblo, pero ahora sois pueblo de Dios; antes no habíais recibido misericordia, pero ahora ya la habéis recibido. [115]

La fórmula bíblica se lee de la siguiente forma: nuestra posición en

Cristo más (+) nuestra identidad como hijos de Dios es igual (=) a nuestra importancia. Si el sentido de importancia de la esposa fluye de su relación con Dios, ella podrá responder al liderazgo de su esposo porque de hecho ella tiene la misma importancia dentro del plan que Dios ha trazado, tanto para su vida personal como para su matrimonio y su familia. El esposo no necesita exigir respeto ni señorear sobre otros para tener un sentido de importancia. El ya es valioso como hijo de Dios y está seguro en Cristo. Es libre para ser el siervo-líder que Dios le ha llamado a ser. El fruto del Espíritu no es el dominio sobre los empleados, ni sobre la esposa, ni tampoco sobre los hijos; es más bien dominio propio. Ambos cónyuges pueden responder con gracia al otro cónyuge imperfecto, porque ninguno de los dos necesita que el otro satisfaga su necesidad de valor e importancia. [116]

La sumisión, la autoridad y el dominio no sólo conciernen a las relaciones de esposo/esposa, padres/hijos, o jefe/empleado. La sumisión es primordialmente un asunto de relación entre la criatura y el Creador. Cuando sabemos quiénes somos como hijos de Dios, no hay necesidad de rebeldía ni de dominar o controlar. Nos rendimos al señorío de Jesucristo, estamos seguros de nuestra posición en él, y podemos relacionarnos unos con otros en amor y perdón.

CÓMO SEGUIR CON EL CUARTO PASO

El apóstol Santiago escribió: «Así que someteos a Dios. Resistid al diablo, y él huirá de vosotros».[117] El someternos a Dios nos permite resistir al diablo. La oración con la que comenzamos este Paso es un compromiso de abandonar la rebelión y de escoger un espíritu sumiso:

Querido Padre celestial, tú has dicho que la rebelión es tan grave como la adivinación y la idolatría [1 Samuel 15:23]. Sé que no siempre he sido sumiso, sino que en mi corazón me he rebelado contra ti y contra las autoridades que has puesto sobre mí. Por favor muéstrame todas las maneras en que he sido rebelde. Ahora decido adoptar un espíritu dócil y un corazón de siervo. En el nombre de Jesús. Amén.

ÁREAS DE REBELIÓN

Revisa la lista a continuación en oración, pidiéndole al Señor que te muestre de qué maneras has sido rebelde hacia aquellos en posición de autoridad.

- ☐ Gobierno civil, incluyendo leyes de tráfico, leyes de impuestos, actitud hacia funcionarios gubernamentales (Romanos 13:1-7; 1 Timoteo 2:1-4; 1 Pedro 2:13-17)
- ☐ Padres, padrastros o guardianes legales (Efesios 6:1-3)
- ☐ Maestros y otros funcionarios escolares (Romanos 13:1-4)
- ☐ Jefes, pasados y presentes (1 Pedro 2:18-23)
- ☐ Esposo (1 Pedro 3:1-4) o esposa (Efesios 5:21; 1 Pedro 3:7) [Nota a los esposos: toma un momento para preguntarle al Señor si tu falta de amor hacia tu esposa puede estar fomentando un espíritu rebelde en ella. Si es así, confiésalo como una violación de Efesios 5:22-33]
- ☐ Líderes de la iglesia (Hebreos 13:7)
- ☐ Dios (Daniel 9:5,9)

Ahora, usando la oración que sigue, confiesa cada punto específico que el Señor te haya traído a la mente.

*Padre, confieso que he sido rebelde hacia_____ [nombre] al_____ [confiesa específicamente lo que hiciste]. Gracias por tu perdón. Decido ser sumiso y obediente a tu Palabra. Te lo pido en el nombre de Jesús. **Amén.***

Capítulo Seis

CÓMO VENCER EL ORGULLO (Paso 5)

En el norte de Canadá se cuenta la historia de dos gansos y una tortuga que tenían una estrecha amistad. A medida que los días se hacían más cortos y fríos, los gansos comenzaron a hablar acerca del invierno que se avecinaba, por lo que debían volar hacia el sur. Una noche los tres animales se juntaron, y los gansos hablaron abiertamente de esto con su amiga la tortuga.

«Vamos a echarte de menos», dijo uno de los gansos. «Ya que no puedes ir al sur caminando antes de que llegue el invierno, ¿qué vas a hacer?»

«Yo tengo una idea», dijo la tortuga, «¿por qué no conseguís un palo resistente que podáis aguantar en el pico? Yo me agarraría de él con mi poderoso pico, y así, cuando voláis al sur en invierno, yo podría volar con vosotros».

«¿Crees que podrías aguantar por tanto tiempo?», preguntó uno de los gansos.

«Claro que si, soy muy fuerte», dijo la tortuga.

Varias semanas más tarde, en algún lugar más al sur, un granjero miró al cielo y vio algo increíble que nunca había visto antes. Corrió a su casa para contárselo a su esposa. Cuando ella salió corriendo y vio los gansos volando con un palo en sus picos y la tortuga agarrada en medio, exclamó:

«¡Qué idea tan increíble! ¿A quién se le habrá ocurrido?».

Sabiendo que era su idea, la tortuga no pudo resistir y dijo:

«¡A mí!». Y al decirlo, cayó.

EL OTRO NOMBRE DEL EGOÍSMO

El orgullo mata. Y viene antes de la caída. El orgullo dice: «Fue mi idea y yo lo puedo hacer en mis propias fuerzas y recursos». El orgullo es el origen de la maldad. Las Escrituras dicen de Satanás: «Decías en tu corazón: 'Subiré hasta los cielos. ¡Levantaré mi trono por encima de las estrellas de Dios! Gobernaré desde el extremo norte, en el monte de los dioses. Subiré a lo alto de las nubes, seré semejante al Altísimo'. ¡Pero has sido arrojado al sepulcro, a lo más profundo de la fosa!».[118] En el infierno es donde decimos «que se haga mi voluntad». En el cielo es donde decimos «que se haga Tu voluntad».

> El orgullo es el origen de la maldad.
>
> ∞

Presta atención a la conexión que hay entre el orgullo y la guerra espiritual en los siguientes versículos:

> Pero él nos da mayor ayuda con su gracia. Por eso dice la Escritura: «Dios se opone a los orgullosos, pero da gracia a los humildes». Así que someteos a Dios. Resistid al diablo, y el huirá de vosotros (Santiago 4:6,7).

> Así mismo, jóvenes, someteos a los ancianos. Revestíos todos de humildad en vuestro trato mutuo, porque «Dios se opone a los orgullosos, pero da gracia a los humildes». Humillaos, pues, bajo la poderosa mano de Dios, para que él os exalte a su debido tiempo. Depositad en él toda ansiedad, porque él cuida de vosotros. Practicad el dominio propio y manteneos alerta. Vuestro enemigo el diablo ronda como león rugiente, buscando a quién devorar. Resistidlo, manteniéndoos firmes en la fe (I Pedro 5: 5-9).

LA AUTOSUFICIENCIA TIENE UN PRECIO

Después de alimentar a los cinco mil, Jesús envió a sus discípulos a cruzar el Mar de Galilea mientras él subía al monte a orar. En medio del mar, los discípulos se encontraron con una tormenta: «Vio que los discípulos hacían grandes esfuerzos para remar... Se acercó a ellos caminando sobre el lago, e iba a pasarlos de largo».[119] La intención del Señor es dejar atrás a los autosuficientes. Sigue adelante y rema frente a las tormentas de la vida. Él lo permitirá hasta que se te caigan los brazos, pero aquellos que invoquen el nombre del Señor serán salvos.

La respuesta que el mundo tiene para los que están atrapados en las tormentas de la vida es: «¡Rema más fuerte, o ríndete bajo la presión y aprende a vivir en el mar!». El diablo dice: «Tú lo puedes hacer solo, pero si necesitas una ayuda, por un precio cómodo, yo me encargo». El orgullo dice: «Creo que puedo salir de ésta por mí mismo. Lo único que necesito es trabajar duro, usar mi ingenio y tal vez un poco de suerte». Dios responde: «Yo no voy a interferir en tus planes. Si deseas salvarte a ti mismo, resolver tus propios problemas o suplir tus necesidades, tienes Mi permiso. Pero no vas a poder hacerlo, porque la realidad es que tú Me necesitas, y también necesitas de los demás». La humanidad caída y sin Dios es un barco sin rumbo a punto de hundirse.

El orgullo puede seducir incluso a los mejores. El rey Uzías fue un hombre de Dios que reinó durante 52 años, «hizo lo que agrada al Señor».[120] Sus logros fueron excepcionales. Armó un ejército poderoso y fortaleció la ciudad. «Y su fama se extendió hasta muy lejos. Sin embargo, cuando aumentó su poder Uzías se volvió arrogante, lo cual lo llevó a la desgracia. Se rebeló contra el SEÑOR».

Mientras mayores sean nuestros logros, más propensos seremos al orgullo. Más de un líder cristiano ha caído al comenzar a recibir efusivos elogios por su trabajo. «Si alguien piensa que está firme, tenga cuidado de no caer».[121]

LA HUMILDAD FALSA Y LA VERDADERA

¿Qué es la humildad? ¿Es acaso arrastrarnos en la pobreza insistiendo en lo insignificantes que somos? No, eso es una falsa humildad que sólo nos lleva a la derrota.

Pablo nos dice: «No dejéis que os prive de esta realidad ninguno de esos que se ufanan en fingir humildad».[122]

Decir que Dios lo es todo y que nosotros no somos nada no demuestra humildad. Ésa es una forma de falsa humildad. Cristo no murió en la cruz inútilmente. Él fue

> Humildad es colocar nuestra confianza en el lugar apropiado
>
> ℘

crucificado para redimir a una humanidad caída. A través del Nuevo Testamento se nos alienta a que nos edifiquemos unos a otros, y se nos advierte enfáticamente contra cualquier intento de derribarnos unos a otros, incluyendo a nosotros mismos.

Pablo nos recuerda: «Por la gracia que se me ha dado, os digo a todos vosotros: Nadie tenga un concepto de sí más alto que el que debe tener, sino más bien piense de sí mismo con moderación, según la medida de fe que Dios le haya dado».[123] No nos llama aquí a autodegradarnos, sino a ejercer moderación. Pablo dice de sí mismo: «Pero por la gracia de Dios soy lo que soy, y la gracia que él me concedió no fue infructuosa. Al contrario, he trabajado con más tesón que todos ellos, aunque no yo sino la gracia de Dios que está conmigo».[124]

¡Somos lo que somos por la gracia de Dios! Negar eso sería desacreditar la obra que Cristo hizo en la cruz. Al creer que somos más de lo que somos, o que somos el producto de nuestro propio esfuerzo, nos unimos a la lista de millones de personas que cayeron presas del orgullo.

Humildad es colocar nuestra confianza en el lugar apropiado. Es por ello que Pablo dice: «no ponemos nuestra confianza en esfuerzos humanos».[125] Pero debemos tener toda la confianza que nuestra fe es capaz de depositar en Dios, y en lo que él puede hacer a través de nosotros. Todos deberíamos desear, tanto para nosotros como para todos los hijos de Dios, que alcancemos nuestro máximo potencial en Cristo. «Mi Padre es glorificado si dais mucho fruto, mostrando así que sois mis discípulos».[126] El orgullo dice «yo lo logré»; en cambio la verdadera humildad dice «yo lo logré por la gracia de Dios».

El acobardarse en el rincón de la incredulidad o arrastrarse en completa derrota ridiculizando la humildad, no le da gloria a Dios. «Así brille vuestra luz delante de todos, para que ellos puedan ver vuestras buenas obras y alaben a vuestro Padre que está en el cielo».[127]

La gloria de Dios es la manifestación de su presencia. Cuando glorificamos a Dios en nuestros cuerpos, manifestamos su presencia en el mundo. La única forma de darle gloria a Dios en nuestros cuerpos es viviendo en victoria y dando mucho fruto. Y la única manera de vivir vidas victoriosas y llevar mucho fruto es al permanecer en Cristo. [128] Es por ello que debemos lidiar con nuestro orgullo, para que podamos ser establecidos en Cristo: «En él, mediante la fe, disfrutamos de libertad y confianza para acercarnos a Dios».[129]

EL ORGULLO ADOPTA DIVERSAS FORMAS

Todos tenemos diferentes trasfondos, pero el orgullo, la rebeldía y la autosuficiencia son productos de la Caída, y un elemento común a toda la humanidad. El objetivo principal de Satanás es que el hombre busque su propio interés como meta suprema. Satanás es el «príncipe de este mundo» porque el egocentrismo reina en este mundo. La maldad que se transmite de generación en generación es una distorsión y preocupación excesiva del ser humano por hacer su propia voluntad. Esta obstinación es la principal característica de los falsos profetas y maestros. Pedro nos dice que: «Esto les espera sobre todo a los que siguen los corrompidos deseos de la naturaleza humana y desprecian la autoridad del Señor. ¡Atrevidos y arrogantes que son! No tiene reparo en insultar a los seres celestiales».[130] Ellos operan desde su espíritu independiente y no responden a nadie. En Mateo 7:20-23 vemos un panorama aún más sombrío.

> Así que por sus frutos los conoceréis. No todo el que me dice: «Señor, Señor», entrará en el reino de los cielos, sino sólo el que hace la voluntad de mi Padre que está en el cielo. Muchos me dirán en aquel día: «Señor, Señor, ¿no profetizamos en tu nombre, y en tu nombre expulsamos demonios e hicimos muchos milagros?». Entonces les diré claramente: «Jamás os conocí. ¡Alejaos de mí, hacedores de maldad!».

Las fortalezas del orgullo no sólo se transmiten de generación en generación. Cada nueva generación desarrolla su propia cepa de orgullo buscando fama y fortuna en el sistema mundano en el que se cría. Se glorifica a sí misma acumulando riquezas, escalando de nivel socioeconómico, obteniendo títulos académicos o incluso conocimientos bíblicos. No hay nada de malo en tener riquezas, estatus social, títulos académicos o conocimientos bíblicos, si todo esto se obtiene por la gracia de Dios y con el propósito de hacer su voluntad.

El orgullo es la principal característica del mundo: «Porque nada de lo que hay en el mundo – los malos deseos del cuerpo, la codicia de los ojos y la arrogancia de la vida – proviene del Padre sino del mundo».[131] Toda tentación es un intento de hacernos vivir independientemente de Dios. Cuando caemos en la tentación, sin querer servimos al mundo, a la carne, o al diablo. Nos engañamos al creer que obtenemos un beneficio, pero la gratificación temporal desvanece rápidamente. Jesús responde tomando el camino de la Cruz, el principio fundamental de nuestra vida en Cristo, es decir, el repudiar nuestra antigua vida y entregarnos en unión gozosa con el Cristo resucitado.

Aunque la evidencia más inmediata del orgullo es el egocentrismo, su raíz es la autoexaltación. Es en este aspecto en el que más nos parecemos al malvado «dios de este mundo». La autoexaltación expresada en actitudes sutiles de orgullo y fariseísmo impiden que el hombre reconozca humildemente su necesidad de Cristo. Tal orgullo es una invitación abierta al dios de este mundo, quien frustrará incluso nuestras mejores intenciones. Veamos cómo en la vida de Pedro esto resultó ser cierto:

Jesús le dijo a Pedro: «Simón, Simón, mira que Satanás ha pedido zarandearte como si fueras trigo. Pero yo he orado por ti, para que no falle tu fe. Y tú, cuando te hayas vuelto a mí, fortalece a tus hermanos».[132] Es importante señalar que Jesús no dijo que no le permitiría a Satanás zarandear a Pedro como trigo. Dijo solamente que oraría por él, para que pudiera ayudar a otros cuando se arrepintiese.

¿Qué derecho tuvo Satanás de pedir permiso a Dios? El pasaje anterior nos revela que hubo una discusión entre los apóstoles de quién era el mejor entre ellos. El orgullo puede coexistir con las mejores intenciones. Pedro le había dicho: «Señor, estoy dispuesto a ir contigo tanto a la cárcel como a la muerte». Pero, lamentablemente, ya había perdido. Antes que el gallo cantara, Pedro le negó tres veces.

NUESTRO VALOR DESDE LA PERSPECTIVA BÍBLICA

Aprendemos un sentido adecuado de nuestro valor al reconocer y apropiarnos de la verdad bíblica de que somos amados y valorados por nuestro Padre celestial. Este valor no se basa en nuestros propios méritos sino en el hecho de ser Sus hijos preciosos, por quien Cristo estuvo dispuesto a morir. Tenemos toda bendición espiritual... nos predestinó para ser adoptados como hijos... tenemos redención y perdón... y las riquezas de la gracia, que Dios nos dio en abundancia».[133]

El problema no es que no tengamos grandes riquezas en Cristo, sino que no las vemos. Es por ello que Pablo oró así: «Pido también que os sean iluminados los ojos del corazón para que sepáis a qué esperanza él os ha llamado, cuál es la riqueza de su gloriosa herencia entre los santos».[134]

CÓMO SEGUIR CON EL QUINTO PASO

«Dios se opone a los orgullosos, pero da gracia a los humildes».[135] Al reconocer el orgullo, estamos declarando lo que Satanás rehusó declarar, es decir, que dependemos de Dios. Al exponer y confesar el orgullo, reconocemos nuestro deseo de ser libres de una vida egocéntrica y auto- suficiente. Entonces seremos libres para comenzar a vivir por la gracia de Dios y obtener de él nuestra fuerza espiritual e identidad, en Cristo. Pídele a Dios que te guíe con la siguiente oración:

*Querido Padre celestial, tú has dicho que la soberbia viene antes que la destrucción, y un espíritu arrogante antes del tropiezo. Confieso que me he centrado en mí mismo, no en los demás. No me he negado a mí mismo, no he tomado a diario mi cruz, ni te he seguido. Como resultado, he permitido que el demonio gane terreno en mi vida. He pecado al creer que puedo alcanzar la felicidad y el éxito por mi cuenta. Confieso que he puesto mi voluntad por delante de la tuya, y he centrado mi vida alrededor de mí y no de ti. Confieso mi soberbia y mi egoísmo, y te pido que anules todo terreno ganado en mi vida por los enemigos del Señor Jesucristo. Decido descansar en el poder y la dirección del Espíritu Santo para no hacer nada por egoísmo o presunción. Con humildad decido considerar a los demás como superiores a mí. Y escojo hacerte a ti, Señor, el centro de mi vida. Muéstrame, ahora, de manera específica, cada manera en que he vivido con orgullo en mi vida. Enséñame a servir a los demás en amor, y a darles preferencia. Te lo pido en el manso y humilde nombre de Jesús. **Amén**.*
(Proverbios 16:18; Mateo 6:33; 16:24; Romanos 12:10; Filipenses 2:3)

Revisa la lista a continuación en actitud de oración, y utiliza la oración que sigue para confesar cualquier pecado de orgullo que el Señor te traiga a la mente.

- ☐ Tener un deseo más fuerte de hacer mi voluntad que la de Dios
- ☐ Apoyarme demasiado en mi propia inteligencia y experiencia en vez de buscar la dirección del Dios
- ☐ Confiar en mis propias fuerzas y recursos en lugar de depender del poder del Espíritu Santo
- ☐ Estar más interesado en controlar a otros que en desarrollar el dominio propio
- ☐ Estar demasiado ocupado con cosas «importantes» como para tomar el tiempo de servir a otros
- ☐ Tener la tendencia a creer que no tengo necesidades
- ☐ Costarme reconocer cuando me equivoco
- ☐ Estar más preocupado en agradar a los demás que a Dios
- ☐ Preocuparme demasiado por obtener el reconocimiento que creo merecer
- ☐ Creer que soy más humilde, espiritual, religioso o devoto que los demás
- ☐ Buscar reconocimiento mediante títulos académicos, posición laboral u otra jerarquía
- ☐ Sentir a menudo que mis necesidades son más importantes que las de los demás
- ☐ Considerarme mejor que otros por mis logros o habilidades
- ☐ Otras maneras en que he tenido un concepto de mí más alto del que debía tener _____

Por cada uno de los puntos que haya sido una realidad en tu vida, **ora en voz alta:**

Señor, confieso que he sido orgulloso al _____ [el punto]. Gracias por perdonar mi soberbia. Decido humillarme ante ti y ante los demás. Decido poner toda mi confianza en ti y no en mis esfuerzos humanos. En el nombre de Jesús. **Amén.**

LA SANACIÓN COMO RESULTADO DE LA HUMILDAD

Recibimos la siguiente carta de un pastor cuya adicción sexual fue descubierta. Ella muestra poderosamente cómo Dios se opone al soberbio pero da gracia al humilde:

Al darme cuenta que debía rendir cuentas a alguien y sacar a la luz estos impulsos para poder vencer su poder sobre mí, compartí mis sentimientos con mi esposa y los hombres en mi grupo de estudio bíblico, para que oraran por mí y me pidieran cuentas regularmente.

Ellos me apoyaron mucho, aun cuando los sacudió un poco que alguien a cargo de un ministerio compartiese un asunto tan personal con ellos. Yo les expresé que sólo soy un hermano en Cristo y no soy de ninguna manera superior a ellos, y que para que tuviéramos unidad de pensamiento y de propósito, debíamos ser sinceros los unos con los otros.

Debo admitir que me fue fácil ser sincero porque sé quién soy en Cristo. Creo que esta tentación pronto quedará en el pasado. Mi pasado ya no tiene poder sobre mí. Tengo a quién rendir cuentas y tengo compañeros de oración. ¡La victoria es mía!

Capítulo Siete
CÓMO VENCER EL PECADO HABITUAL (Paso 6)

Imagínate que, al igual que Dios, pudieras ver la realidad del mundo espiritual y saber lo que las personas están pensando. Verías una figura oscura y amenazadora acechando a la puerta de un joven cristiano llamado Daniel.

Disfrazado de ángel de luz, este demonio sutilmente le sugiere a Daniel que abra la puerta al pecado: «¿Por qué no le echas un vistazo a ese material pornográfico? Tú sabes que quieres. No va a pasar nada. ¿Quién se va a enterar? Todo el mundo lo hace».

El Espíritu Santo que mora en Daniel le da convicción inmediata y le ofrece una vía de escape. Daniel también tiene un apetito físico y natural de comida y sexo, además de antiguos hábitos carnales que operan independientemente de Dios. La vieja naturaleza exige satisfacción y argumenta con el Espíritu de Dios: «Después de todo, ¿qué tiene de malo ver ese material pornográfico? A fin de cuentas, ¿quién me creó con todos estos deseos? ¿No fue Dios mismo? ¿Cómo me puede crear así y después condenarme por ello?»

La lucha de la mente es intensa: «Porque ésta desea lo que es contrario al Espíritu, y el Espíritu desea lo que es contrario a ella. Los dos se oponen entre sí».[136] Dios le ofreció a Daniel una vía de escape, pero no supo llevar todo pensamiento cautivo a la obediencia a Cristo. [137] Al principio las fotos son un deleite para la vista y el cuerpo responde con una explosión emocional eufórica. Pero el placer es sólo momentáneo, porque «cada uno es tentado cuando sus propios malos deseos le arrastran y seducen. Luego, cuando el deseo ha concebido, engendra el pecado; y el pecado, una vez que ha sido consumado, da a luz la muerte».[138]

LAS CONSECUENCIAS DE MALAS DECISIONES

La figura amenazante aprovecha que la puerta está abierta, porque Daniel, al decidirse por el pecado, actuó independientemente de Dios. Satanás pasa inmediatamente de su papel de tentador al de acusador: «Nunca te vas a salir con la tuya. ¿Y te llamas cristiano? ¡Das pena!».

Abrumado por la culpa, Daniel clama a Dios: «Señor, perdóname; no lo volveré hacer». Dos días después Daniel peca de nuevo, lo que precipita otro clamor por perdón. Así continúa el círculo vicioso de pecar, confesar, y pecar otra vez, hasta que ocurre lo siguiente: otro cristiano no muy compasivo lo sorprende en su pecado. En lugar de actuar como ministro de gracia y reconciliación, él se une a la figura amenazadora en el «ministerio» de condenación.

«¡Eres un patético ejemplo de cristiano!», le dice a Daniel. «¿Cómo puedes hacer eso y decir que eres cristiano? Eres la vergüenza de la iglesia. Será mejor que confieses y le supliques a Dios que te perdone». Los «cristianos» legalistas y controladores forman una alianza con el acusador de los hermanos y ni siquiera se dan cuenta.

El «cristiano» acusador no parece saber que Daniel ya ha sido perdonado por Dios y que Daniel se ha confesado cientos de veces. Su respuesta insensible y falta de misericordia sólo empujará a Daniel a un estado más profundo de desesperación. Añadir culpa y vergüenza no mejorará su salud mental. El mundo, la carne y el diablo han vencido a otro cristiano. ¿Cómo podemos romper este ciclo de derrota? ¿Es suficiente la confesión?

Confesar significa estar de acuerdo con Dios, es caminar en la luz así cómo él está en la luz. [139] Éste es el primer paso hacia el arrepentimiento, pero el arrepentimiento no es completo hasta que se demuestre un cambio. Debemos estar de acuerdo con Dios y enfrentarnos a la verdad, pero eso sólo no nos librará de las garras del pecado. Si la confesión es genuina y va acompañada de un compromiso a hacer su voluntad, ya te has sometido a Dios, pero aún te falta resistir al diablo. [140]

El arrepentimiento completo incluye someterse a Dios, resistir al diablo y cerrar la puerta a futuras tentaciones. Eso significa deshacerse de la pornografía que hay en la casa y en el ordenador. También significa mantenerse alejado de bares de mala reputación, de traficantes de drogas y de toda mala compañía - «Evitad toda clase de mal».[141] Puede que también implique cambiar tu número de teléfono para que los narcotraficantes y otros conocidos indeseables no puedan comunicarse contigo. La puerta se cerrará completamente cuando se haya roto toda atadura y se haya destruido toda fortaleza mental. Para destruir estas últimas, debes renunciar a las mentiras que has creído que contribuyeron a tu comportamiento pecaminoso, y luego escoger la verdad. Este Paso ha sido diseñado para romper ataduras y destruir fortalezas mentales. Tu serás transformado cuando renueves tu entendimiento de acuerdo a la verdad de la Palabra de Dios.[142]

EFECTOS DE LA ADICCIÓN

Las personas atrapada en patrones de comportamiento adictivo e inmoral, son víctimas del acoso más cruel del enemigo. Primero, Satanás les tienta a pecar, después les condena por haber pecado, y luego les ataca la autoestima. Si creen esas mentiras, terminarán pensando que son pecadores, alcohólicos o adictos sin remedio.

No tienes un problema de carácter químico, sexual o de drogas, sino existencial. No lograrás vencer la adicción simplemente intentado eliminar el mal comportamiento. Tampoco el que te digan que lo que haces está mal te dará el poder para dejar de hacerlo. Necesitas hacer las paces con Dios, y entonces la vida de Cristo fluirá en ti, dándote el poder de Dios para vencer el pecado. Si estás lleno de (controlado por) el Espíritu Santo, no necesitarás satisfacer los deseos de la carne (RV).[143] ¡No necesitas condenación! Quieres ser libre del pecado, porque a nadie le gusta vivir en esclavitud al pecado.

CÓMO SEGUIR CON EL SEXTO PASO

Vencer el hábito de pecar puede requerir la ayuda de un hermano o hermana en Cristo. Santiago 5:16 dice: «Confesaos unos a otros vuestros pecados, y orad unos por otros, para que seáis sanados. La oración del justo es poderosa y eficaz». En ciertos casos la promesa de 1 de Juan 1:9 es suficiente: «Si confesamos nuestros pecados, Dios, que es fiel y justo, nos los perdonará y nos limpiará de toda maldad».

Confesar no es decir: «Lo siento»; es reconocer franca y abiertamente «Lo hice». Sea que necesites ayuda, o simplemente rendir cuentas para caminar en la luz con Dios, **ora en voz alta**:

*Querido Padre celestial, tú mandas que me vista del Señor Jesucristo y que no provea para los deseos de mi naturaleza pecadora. Confieso que he cedido ante los malos deseos que están en conflicto con mi alma. Te agradezco que en Cristo hayas perdonado mis pecados. Reconozco que he violado tu santa ley y he permitido que el pecado libre una guerra en mi cuerpo. Ahora vengo a ti para confesar y rechazar estos pecados de mi naturaleza pecadora, para así ser limpio y libre de la esclavitud del pecado. Te ruego que me reveles todos los pecados que he cometido, y las maneras en que he entristecido al Espíritu Santo. En el santo nombre de Jesús. **Amén.**[144]*

La siguiente lista contiene muchos de los pecados de la carne, pero si quieres un recuento más exhaustivo, medita en los pasajes de Marcos 7:20-23; Gálatas 5:19-21; Efesios 45:25-31. Lee la lista que sigue y los pasajes mencionados anteriormente y pide al Espíritu Santo que traiga a tu mente todos los pecados que debes confesar. Quizá te revele otros que no están listados. Por cada pecado que el Señor te muestre, haz de corazón una oración de confesión usando el ejemplo dado. (Nota: Más tarde en este capítulo trataremos con pecados sexuales, divorcio, trastornos alimenticios, abuso de sustancias, aborto, tendencias suicidas y perfeccionismo. Tal vez sea necesario que acudas a consejería para encontrar completa restauración y libertad en estas áreas. Pide consejo a tu pastor o a un líder de tu confianza.)

- ☐ Robo
- ☐ Riñas/peleas
- ☐ Celos/envidia
- ☐ Queja/crítica
- ☐ Juzgar a otros
- ☐ Sarcasmo
- ☐ Chisme/calumnia
- ☐ Vocabulario soez
- ☐ Competitividad
- ☐ Apatía/pereza
- ☐ Mentira

- ☐ Odio
- ☐ Ira
- ☐ Pensamientos y/o actos lujuriosos
- ☐ Borrachera
- ☐ Estafa/engaño
- ☐ Postergación (procrastinación / posponer constantemente)
- ☐ Codicia/materialismo
- ☐ Otros_____

Señor, confieso que he cometido pecado de _____ (nombra el pecado). Gracias por tu perdón y tu limpieza. Ahora dejo atrás este pecado y me vuelvo a ti, Señor. Fortaléceme con tu Espíritu Santo para obedecerte. En el nombre de Jesús. **Amén***.*

COMPRENDER LA ESCLAVITUD SEXUAL

En Romanos capítulo 6, el apóstol Pablo identifica a cada hijo de Dios con Cristo en su vida, muerte, sepultura y resurrección. Esa asociación es cierta, porque nuestras almas están unidas a Dios y su vida es eterna. Debemos optar por creer continuamente que estamos vivos en Cristo y muertos al pecado. Hay una ley del pecado y una ley de muerte y no nos podemos deshacer de esas leyes. Pero pueden ser vencidas por una ley mayor, que es la ley del Espíritu de vida en Cristo Jesús. [145]

De manera que el pecado está aún presente y también la tentación, como también la muerte física todavía es eminente. Pero la ley del Espíritu de vida en Cristo Jesús nos asegura que seguiremos viviendo espiritualmente y para siempre en la presencia de Dios. Y la ley del Espíritu de vida en Cristo Jesús es mayor que la ley del pecado. Siempre y cuando vivamos por fe de acuerdo a lo que Dios dice que es cierto y en su poder, no pecaremos. Pablo continúa diciendo que no debemos permitir que el pecado reine en nuestros cuerpos mortales y nos explica cómo lograrlo. «No ofrezcáis los miembros de vuestro cuerpo al pecado como instrumentos de injusticia; al contrario, ofreceos más bien a Dios como quienes han vuelto de la muerte a la vida, presentando los miembros de vuestro cuerpo como instrumentos de justicia».[146]

Si cometes un pecado sexual, estás usando tu cuerpo como

instrumento de injusticia y permites que el pecado reine en tu cuerpo mortal. La confesión por sí sola no va a resolver el problema. Hay otro texto en la Biblia que es importante para vencer las fortalezas sexuales:

¿No sabéis que vuestros cuerpos son miembros de Cristo mismo? ¿Tomaré acaso los miembros de Cristo para unirlos con una prostituta? ¡Jamás! ¿No sabéis que el que se une a una prostituta se hace un solo cuerpo con ella? Pues la Escritura dice: 'Los dos llegarán a ser un solo cuerpo'. Pero el que se une al Señor se hace uno con él en espíritu. Huid de la inmoralidad sexual. Todos los demás pecados que una persona comete quedan fuera de su cuerpo; pero el que comete inmoralidades sexuales peca contra su propio cuerpo. ¿Acaso no sabéis que vuestro cuerpo es templo del Espíritu Santo, quien está en vosotros y que habéis recibido de parte de Dios? No sois vosotros vuestros propios dueños. Fuisteis comprados por un precio. Por tanto, honrad con vuestro cuerpo a Dios. (1 Corintios 6: 15-20).

EL VÍNCULO SEXUAL

El vínculo se establece cuando se comete un acto sexual impuro. La persona se ha unido en una sola carne a su compañero o compañera. Esto sucede aún en los casos de incesto o violación. El cuerpo se ha usado como instrumento de injusticia. El templo ha sido violado. ¡Pero eso no es justo! Por supuesto que no es justo, y no puedo garantizar que no te sucederá a ti o a alguna otra persona. Pero puedo decirte cómo resolverlo en Cristo para que no continúes esclavizado por el abuso sexual. Hemos observado que cuando ha habido consentimiento con el agresor, la víctima suele desarrollar una vida sexual muy activa. En casos de violación o incesto, la persona suele bloquearse sexualmente, aunque ahora esté en un matrimonio cristiano. Para ella el sexo es sucio, y no tolera que la toquen.

Se nos aconseja huir de todo tipo de inmoralidad, porque es un pecado auto-destructivo que cometemos contra nuestro propio cuerpo. Tanto Dios como Satanás conocen nuestras debilidades en cuanto a las pasiones sexuales. Satanás juega con esas debilidades pero Dios nos proporciona una vía de escape.

EL ROMPER CON EL VÍNCULO SEXUAL

Para un arrepentimiento completo, pídele al Señor que te revele cada vez que tu cuerpo fue usado como instrumento de inmoralidad sexual. A medida que el Señor te recuerde cada ocasión, renuncia a ella y pídele al Señor que rompa el vínculo con esa persona. Concluye presentando tu cuerpo al Señor como un sacrificio vivo, lo cual se nos aconseja hacer por las misericordias de Dios. [147] Comienza con la siguiente oración:

Señor, por favor trae a mi mente todo uso sexual de mi cuerpo como instrumento de injusticia, para poder, con la ayuda de Cristo, rechazar esos pecados sexuales y romper sus ataduras. En el nombre de Jesús. **Amén**.

A medida que el Señor te recuerde cada mal uso sexual de tu cuerpo, haya sido contra ti (violación, incesto, manoseo) o cometido por ti (pornografía, masturbación, inmoralidad sexual), recházalo de este modo:

Señor Jesús, rechazo _____ *[nombra la experiencia sexual]* **con**_____ *[nombra cualquier otra persona involucrada].* **Te pido que rompas esa atadura de pecado con**_____ *[nombre de la persona].*

Después que hayas terminado, conságrale tu cuerpo al Señor orando:

Querido Padre celestial, rechazo todos estos usos de mi cuerpo como instrumento de injusticia, y confieso toda participación voluntaria. Decido presentarte mis ojos, boca, mente, corazón, manos, pies y órganos sexuales a Ti como instrumentos de justicia. Te presento todo mi cuerpo como sacrificio vivo, santo y agradable. Decido reservar el uso sexual de mi cuerpo únicamente para el matrimonio. Rechazo la mentira del diablo de que mi cuerpo no está limpio, o que es sucio, o que es inaceptable para ti como resultado de mis experiencias sexuales pasadas. Señor, gracias por haberme limpiado y perdonado completamente; gracias que me amas y me aceptas tal y como soy. Por lo tanto, decido aceptarme a mí mismo y a mi cuerpo como limpio ante Tus ojos.

En el nombre de Jesús. **Amén**. *[ver Hebreos 13:4]*

ORACIONES ESPECIALES PARA SITUACIONES ESPECIALES

Matrimonio

Querido Padre Celestial, elijo creer que tú nos creaste hombre y mujer, y que el matrimonio es un vínculo espiritual entre un hombre y una mujer que se vuelven uno en Cristo. Creo que ese vínculo solo lo rompe la muerte, el adulterio o el abandono de un cónyuge incrédulo. Decido cumplir con mis votos matrimoniales y ser fiel a mi cónyuge hasta que la muerte física nos separe. Dame la gracia para ser el/la esposo/a que tú diseñaste y capacítame para amar y respetar a mi cónyuge en el matrimonio. No intentaré cambiar a mi cónyuge sino solo a mí mismo y aceptaré a mi cónyuge como tú me has aceptado. Enséñame a decir la verdad en amor, a ser misericordioso como tú lo has sido conmigo y a perdonar como tú me has perdonado. En el nombre de Jesús. **Amén.**

Pornografía

Señor Jesús, confieso que he visto material sexualmente provocativo y pornográfico con el propósito de gratificarme sexualmente. He intentado satisfacer mis deseos lujuriosos y he contaminado mi cuerpo, mi alma y mi espíritu. Gracias por limpiarme y por Tu perdón. Renuncio a cualquier atadura satánica que yo haya permitido en mi vida por el uso inicuo de mi cuerpo y mi mente. Señor, me comprometo a destruir todo objeto de mi pertenencia que yo haya usado para gratificación sexual y a alejarme de todo medio de comunicación que se relacione con mi pecado sexual. Me propongo a renovar mi mente y a tener pensamientos puros. Lléname con Tu Espíritu Santo para no dar rienda suelta a los deseos de la carne. En tu nombre te loe pido. **Amén.**

Divorcio

Señor, confieso todo papel que jugué en mi divorcio (pídele que te muestre específicamente). Gracias por Tu perdón, y decido no condenarme a mí mismo. Renuncio a la mentira que dice que el divorcio afecta a mi identidad en Cristo. Soy un hijo de Dios, y rechazo la mentira de que soy un cristiano de segunda categoría por mi divorcio. Rechazo la mentira de que no valgo nada, de que no merezco ser amado, y de que mi vida está vacía y no tiene sentido. Estoy completo en Cristo, el cual me ama y me acepta tal y como soy. Señor, te confío la sanidad de todo dolor en mi vida, así como he decidido perdonar a aquellos que me han herido. Pongo en Tus manos mi futuro y decido buscar compañerismo humano en la iglesia. Someto a Tu voluntad la posibilidad de casarme nuevamente. Oro en el nombre sanador de Jesús, mi Salvador y amigo más cercano. **Amén.**

Identidad de género

Querido Padre Celestial, elijo creer que tú has creado a todo ser humano para que sea hombre o mujer (Génesis 1:27) y nos ordenaste a mantener una distinción entre los dos (Deuteronomio 22:5, Romanos 1: 24-29). Confieso que me han influido las presiones sociales de este mundo caído y las mentiras de Satanás y he cuestionado mi identidad sexual biológica y la de los demás. Renuncio a toda acusación y mentira de Satanás que intente convencerme de que soy alguien distinto a quien tú creaste. Elijo creer y aceptar mi identidad sexual biológica, te pido que sanes mis emociones heridas y que me permitas ser transformado por la renovación de mi mente. Me revisto de toda la armadura de Dios (Efesios 6:13) y tomo el escudo de la fe para anular toda tentación y acusación del maligno (Efesios 6:16). Renuncio a toda identidad y etiqueta que se deriva de mi vieja naturaleza, y elijo creer que soy una nueva criatura en Cristo. En el maravilloso nombre de Jesús te lo pido. **Amén.**

Aborto

Señor Jesús, confieso que no guardé ni protegí la vida que Tú me confiaste, y lo reconozco como pecado. Gracias porque debido a tu perdón me puedo perdonar. Reconozco que la criatura está en tus manos amorosas para toda la eternidad. En el nombre de Jesús. **Amén**.

Tendencias suicidas

Señor, renuncio a todo pensamiento suicida y a cualquier intento de quitarme la vida o hacerme daño a mí mismo. Rechazo la mentira de que no hay esperanza en la vida y de que puedo encontrar paz y libertad quitándome la vida. Satanás es un ladrón que viene a robar, matar y destruir. Decido vivir en Cristo, quien dijo que vino a darme vida y a dármela en abundancia. Gracias por tu perdón que me permite **Amén**.

Abuso de sustancias

Señor, confieso que he hecho mal uso de ciertas sustancias (alcohol, tabaco, alimentos, medicinas o drogas) con el propósito de obtener placer, para escapar de la realidad o para enfrentar problemas difíciles. Confieso que he maltratado mi cuerpo, y que he programado mi mente de maneras dañinas. También he apagado al Espíritu Santo. Gracias por perdonarme. Renuncio a toda conexión o influencia satánica en mi vida a través del abuso de alimentos o productos químicos. Echo toda mi ansiedad sobre Cristo, quien me ama. Me comprometo a no ceder al abuso de sustancias, sino que decido permitir que el Espíritu Santo me dirija y me dé poder. En el nombre de Jesús. **Amén**.

Trastornos alimenticios o automutilación

Señor, renuncio a la mentira de que mi valor como individuo depende de mi apariencia o desempeño. Renuncio a cortarme, hacerme daño, vomitar, usar laxantes o ayunar como medio de estar en control, alterar mi apariencia o purgarme del mal. Declaro que solamente la sangre del Señor Jesucristo me limpia de pecado. Comprendo que he sido comprado por precio, y que mi cuerpo, que es templo del Espíritu Santo, le pertenece a Dios. Por consiguiente, decido glorificar a Dios con mi cuerpo. Renuncio a la mentira de que soy malo o que alguna parte de mi cuerpo es mala. Gracias porque, en Cristo, me aceptas tal y como soy. En el nombre de Jesús. **Amén**.

Tendencias a ser compulsivo y perfeccionista

Señor, renuncio a la mentira de que mi autoestima depende de mi capacidad para desempeñar una tarea. Declaro la verdad de que mi identidad y mi valor como persona se basan en ser Tu hijo. Renuncio a buscar aprobación de otras personas, y decido creer que tengo plena aceptación y aprobación en Cristo, gracias a que murió y resucitó por mí. Escojo creer la verdad de que he sido salvado, no por buenas obras, sino por Tu misericordia. Decido creer que ya no estoy bajo la maldición de la ley porque Cristo se hizo maldición por mí. Recibo el regalo de vida en Cristo y decido permanecer en él. Renuncio a buscar la perfección intentando vivir bajo la ley. Por tu gracia, Padre celestial, decido de hoy en adelante caminar por fe en el poder de tu Santo Espíritu según tu verdad. En el nombre de Jesús.**Amén**.

Apuesta / Ludopatía

Querido Padre Celestial, confieso que he sido un mal mayordomo de los recursos económicos que poseo. He apostado mi futuro persiguiendo a un dios falso. No me he contentado con la comida y la ropa, más bien el amor al dinero me ha impulsado a comportarme de manera irracional y pecaminosa. Renuncio a satisfacer los deseos de mi carne con respecto a esta lujuria. Me comprometo a mantenerme alejado de todo casino, sitio web de apuestas, casa de apuestas y venta de lotería. Elijo creer que estoy vivo en Cristo y muerto al pecado. Lléname de tu Espíritu Santo para que no cumpla los deseos de la carne. Muéstrame la vía de escape cuando soy tentado a volver a mi comportamiento adictivo. Me opongo a toda acusación, tentación y engaño de Satanás poniéndome la armadura de Dios y manteniéndome firme en la fe. Decido creer que tú llenarás todas mis necesidades de acuerdo con tus riquezas en gloria. En el nombre de Jesús. **Amén.**

Racismo y prejuicio

Querido Padre Celestial, tú has creado a toda la humanidad a tu imagen. Confieso que he juzgado a otros por el color de su piel, su país de origen, su estatus social o económico, sus diferencias culturales o su orientación sexual. Renuncio al racismo, al elitismo y al sexismo. Elijo creer que "no hay judío ni griego, no hay esclavo ni libre, no hay hombre ni mujer, sino que todos sois uno solo en Cristo Jesús" (Gálatas 3:28). Por favor, muéstrame las raíces de mi propio racismo para que pueda confesarlo y ser limpio de tal contaminación. Me comprometo a vivir "de una manera digna del llamamiento que habéis recibido, siempre humildes y amables, pacientes, tolerantes unos con otros en amor [esforzándome] por mantener la unidad del Espíritu mediante el vínculo de la paz." (Efesios 4: 1-3). En el nombre de Jesús. **Amén.**

Después de haber confesado todo pecado del que eres consciente, finaliza este Paso orando:

Querido Padre celestial,
Confieso ahora estos pecados ante ti, rogando que me perdones y me limpies mediante la sangre del Señor Jesucristo. Anulo todo terreno que Satanás haya ganado en mi vida por mi participación intencionada en el pecado. Te lo pido en el nombre maravilloso de mi Señor y Salvador, Jesucristo. **Amén.**

CONCLUSIÓN

Imagina que tienes un «muerto en el armario», algo que has mantenido oculto; un mal que hiciste y que nunca has entregado a Dios ni se lo has contado a nadie. ¿Qué es lo que hace el mentiroso, el engañador, el acusador de los hermanos? Él toca a tu puerta y te dice: «Quiero hablar contigo de ese «muerto en tu armario». Inmediatamente, te sientes ansioso, culpable y condenado, porque sabes que está ahí. Si abres la puerta, todos podrán verlo.

Ahora imagina que te has arrepentido completamente de tu pecado. Ya no hay un «muerto en tu armario». La Biblia dice que Dios lo ha limpiado completamente y lo ha perdonado. Dios nunca sacará a relucir tu pecado para usarlo en tu

Según las Escrituras, lo que has hecho al realizar los Pasos es reducir esas experiencias a meros recuerdos. Ahora estás libre del pasado y del pecado que te enredaba.

contra. Pero Satanás continúa tocando a la puerta, y quiere hablarte del «muerto en tu armario». Esta vez, sin embargo, no sientes ansiedad ni culpa. Recuerdas que una vez hubo un «muerto en tu armario», pero sabes que ya no está.

No es lo mismo un conflicto de nuestro pasado que no ha sido resuelto, sino el mero recuerdo de ese conflicto. Según las Escrituras, lo que has hecho al realizar los Pasos es reducir esas experiencias a meros recuerdos. Ahora estás libre del pasado y del pecado que te enredaba. Ya no tiene control sobre ti, y Dios no lo usará jamás en tu contra, ni ahora ni en el futuro.

Capítulo Ocho

CÓMO VENCER LA HERENCIA DE MALDICIÓN (PASO 7)

El último punto que debemos resolver es el relacionado con la herencia de maldición que se pasa de generación en generación, y la guerra espiritual que proviene de ellos. Este Paso es crucial para aquellos que proceden de familias disfuncionales o de familias que han participado en idolatría u ocultismo. Con este Paso la persona rompe el último eslabón de la cadena que la ha mantenido esclava de su pasado. Un creyente no puede tomar su posición en Cristo pasivamente; debe escoger activamente aceptarse a sí mismo como una nueva creación en Cristo, y tomar su lugar en la familia de Dios.

CÓMO INFLUYE LA HERENCIA

A menos que hagamos el esfuerzo necesario para evitarlo, perpetuaremos los hábitos, costumbres y tradiciones que nuestra familia ha transmitido por generaciones. La familia en la que nacimos y la forma en la que fuimos criados forjaron nuestra mentalidad y conducta actuales. Algunos de estos rasgos familiares pueden ser beneficiosos y otros no. Jesús dijo: «El discípulo no es superior a su maestro; mas todo el que fuere perfeccionado, será como su maestro»[148] La personalidad y el temperamento quedan establecidos, en su mayor parte, a los cinco años de edad, y nadie contribuye más a nuestro desarrollo temprano que nuestros padres.

Esta conexión generacional se observa claramente en los ciclos de abuso. Los individuos abusados se convierten en agresores. Este ciclo puede transmitirse genéticamente, socialmente, y espiritualmente. En primer lugar, aunque alguien esté predispuesto genéticamente a ciertas virtudes o ciertas debilidades, no por ello se convierte automáticamente en alcohólico, drogadicto u homosexual. Adquirimos esos hábitos por nuestras propias decisiones, pero algunos pueden ser más vulnerables que otros debido a diferencias genéticas.

En segundo lugar, el entorno en el que nos criamos afecta enormemente nuestro desarrollo. Este proceso de aprendizaje ocurre más por observación que por discurso. Las acciones de los padres influyen más que sus palabras. Si te criaste en un hogar donde se dejaba pornografía al alcance de la mano, lucharás con la lujuria más que alguien que se crió en un hogar con un sentido moral más responsable. Las fortalezas mentales se desarrollan primordialmente en el entorno en que nos criamos. Con entorno me refiero a las amistades que tuvimos, el vecindario donde jugamos, la iglesia a la que asistimos (o no), y los padres que nos criaron.

El tercer factor que contribuye a nuestro desarrollo es el espiritual. En los Diez Mandamientos, Dios dijo: «No te hagas ningún ídolo, ni nada que guarde semejanza con lo que hay arriba en el cielo, ni con lo que hay abajo en la tierra, ni con lo que hay en las agua debajo de la tierra. No te inclines delante de ellos ni los adores. Yo, el SEÑOR tu Dios, soy un Dios celoso. Cuando los padres son malvados y me odian, yo castigo a sus hijos hasta la tercera y cuarta generación. Por el contrario, cuando me aman y cumplen mis mandamientos les muestro mi amor por mil generaciones».[149] Dios bendice hasta la milésima generación los que son obedientes a su pacto, pero la maldad de los que son desobedientes se transmiten hasta la tercera y cuarta generación.

CÓMO SEGUIR CON EL SÉPTIMO PASO

Pídele al Señor que te muestre que pecados son característicos de tu familia mediante la siguiente oración:

Querido Padre celestial, revela a mi mente todos los pecados de mis antepasados que se hayan transmitido por las líneas familiares. Quiero ser libre de esas influencias y caminar en mi nueva identidad como hijo de Dios. En el nombre de Jesús. Amén.

Señor, renuncio a (confiesa todos los pecados familiares que Dios traiga a su mente). Amén.

Satanás y otras personas nos pueden maldecir, pero no tendrá efecto alguno sobre nosotros a menos que lo creamos. No podemos tomar pasivamente nuestro lugar en Cristo. Necesitamos decidir activa e intencionalmente someternos a Dios y resistir al diablo. Entonces él huirá de nosotros. Completa este Paso final con la siguiente declaración y oración:

DECLARACIÓN

Señor, *aquí y ahora renuncio y repudio todos los pecados de mis antepasados. Habiendo sido rescatado del poder de la oscuridad y llevado al reino del Hijo de Dios, declaro que los pecados y la maldad de mis antepasados no tienen dominio sobre mí. Ante Cristo me presento ahora, perdonado y limpio. Habiendo sido crucificado y resucitado con Jesucristo, y estando ahora sentado con él en los lugares celestiales, renuncio a toda maldición dirigida hacia mí y hacia mi ministerio. Declaro que la verdad de Jesús ha roto toda maldición que Satanás haya puesto sobre mí. Declaro a Satanás y a todas sus fuerzas que Cristo se convirtió en maldición por mí al morir en la Cruz por mis pecados. Rechazo toda manera en la que Satanás pueda reclamar potestad sobre mí. Pertenezco al Señor Jesucristo quien me compró con su propia sangre. Rechazo todo sacrificio de sangre por el que Satanás pueda reclamar que yo le pertenezco. Me declaro total y eternamente entregado y comprometido con el Señor Jesucristo. Por la autoridad que tengo en Cristo, ordeno ahora que todo enemigo del Señor Jesús abandone mi presencia. Me encomiendo a mi Padre celestial para hacer su voluntad desde hoy en adelante. En el nombre de Jesús. **Amén.***

ORACIÓN

Querido Padre *celestial, vengo a ti como tu hijo, rescatado de la esclavitud del pecado por la sangre del Señor Jesucristo. Eres el Señor del universo y el Señor de mi vida. Someto mi cuerpo a ti como instrumento de justicia, como sacrificio vivo y santo para tu gloria. Ahora te pido que me llenes a rebosar con tu Santo Espíritu hoy y cada día. Me comprometo a la renovación de mi mente para comprobar que tu voluntad es buena, agradable y perfecta para mí. Oro todo esto bajo la autoridad y en el nombre del Señor Jesucristo resucitado. **Amén.***

CÓMO PRESERVAR TU LIBERTAD

Es emocionante experimentar la libertad en Cristo, pero lo que has logrado se deber preservar. Has ganado una batalla importante, pero la guerra continúa.

Para mantener tu libertad en Cristo y crecer en la gracia de Dios, debes seguir renovando tu mente de acuerdo con la verdad de la Palabra de Dios. Si te percatas de algunas mentiras que has creído, recházalas y escoge la verdad. Si surgen más recuerdos dolorosos, entonces perdona a quienes te hirieron y renuncia a cualquier parte pecaminosa que tuvieras. Muchas personas deciden pasar por los Pasos hacia la Libertad en Cristo de nuevo a fin de asegurarse que han resuelto todos los asuntos. En ocasiones salen a relucir nuevos asuntos. Te puede ser útil hacerlos periódicamente como una «limpieza a fondo» espiritual.

Después de haber hecho los Pasos, a veces las personas pueden tener pensamientos como: «Realmente nada ha cambiado; soy la misma persona de siempre»; o «esto no dio resultado». En la mayoría de los casos, simplemente haz caso omiso de esos pensamientos. Nuestro llamado no es a disipar las tinieblas, sino a encender la luz. No te deshaces de los pensamientos negativos reprendiéndolos uno a uno, sino arrepintiéndote y optando por la verdad.

Te animo a leer alguno de los siguientes libros de Neil Anderson: *Rompiendo las Cadenas* o *Victoria sobre la Oscuridad*. Si te interesa afirmar los principios de los Pasos en un grupo, puedes utilizar Libertad en Cristo – Un Curso de 13 Semanas para Hacer Discípulos (Manual del Participante y Guía del Líder). Para preservar tu libertad en Cristo también te sugiero lo siguiente:

1. Involúcrate en una comunidad de fe (iglesia) que transmita amor y cuidado, donde puedas abrirte con sinceridad, y donde se enseñe la verdad de Dios con gracia.

2. Lee diariamente la Biblia y medita en ella. Memoriza versículos claves de Los Pasos Hacia la Libertad en Cristo. Quizá quieras leer las Declaraciones de la Verdad (Paso 2) en voz alta a diario y estudiar los versículos mencionados.

3. Aprende a llevar cautivo todo pensamiento a la obediencia de Cristo. Asume la responsabilidad de tus pensamientos. No

dejes que tu mente sea pasiva. Rechaza toda mentira, escoge enfocarte en la verdad, y afírmate en tu identidad como hijo de Dios en Cristo.

4. No retrocedas a tus antiguos patrones de pensamiento, sentimientos y comportamiento. Esto puede suceder fácilmente si te descuidas espiritual y mentalmente. Si te está costando caminar en la verdad, comparte tus luchas abiertamente con alguien en quien confías, quien orará por ti y te animará a mantenerte firme.

5. Sin embargo, no esperes que otras personas peleen tus batallas por ti. Pueden ayudarte, pero no pueden pensar, orar, leer la Biblia o escoger la verdad por ti.

6. Comprométete a orar diariamente. La oración demuestra que confías en Dios y dependes de él. Puedes repetir las oraciones que siguen a menudo y con confianza. Deja que las palabras salgan tanto de tu corazón como de tus labios y siéntete libre de modificarlas para hacerlas tuyas.

ORACIÓN Y DECLARACIÓN DIARIA

Querido Padre celestial, te alabo y te honro como mi Señor y Salvador. Estás en control de todas las cosas. Te agradezco que siempre estás conmigo y nunca me dejarás ni me desampararás. Eres el único Dios todopoderoso y sabio. Eres tierno y amoroso en todos tus caminos. Te amo y te agradezco que estoy unido a Cristo y espiritualmente vivo en él. Me propongo no amar al mundo ni las cosas del mundo, y crucifico la naturaleza humana y todas sus pasiones.

Gracias por la vida que ahora tengo en Cristo. Te pido que me llenes de tu Espíritu Santo para rechazar el pecado y servirte a ti. Declaro mi total dependencia de ti, y me opongo a Satanás y a todas sus mentiras. Decido creer la verdad de la Palabra de Dios por encima de lo que dicten mis sentimientos. Me niego a desanimarme; tú eres el Dios de toda esperanza. Nada es demasiado difícil para ti. Confío que suplirás todas mis necesidades a medida que intente vivir según tu Palabra. Gracias que puedo estar satisfecho y que puedo vivir de manera responsable en Cristo que me fortalece.

Ahora me opongo a Satanás y a todos sus espíritus malignos y les ordeno que se aparten de mí. Decido ponerme toda la armadura de Dios para hacer frente a las artimañas del diablo. Entrego mi cuerpo como sacrificio vivo y santo a Dios, y decido renovar mi mente con la Palabra de Dios. Al hacer esto podré comprobar que la voluntad de Dios es buena, agradable y perfecta para mí. En el nombre de mi Señor y Salvador Jesucristo. **Amén.**

ORACIÓN NOCTURNA

Gracias Señor, *que me has incorporado a tu familia y me has dado toda bendición espiritual en los lugares celestiales en Cristo Jesús. Gracias por renovarme y darme descanso mediante el sueño. Lo acepto como una bendición que das a tus hijos, y confío en que protegerás mi mente y mi cuerpo mientras duermo.*

Así como he meditado en ti y en tu verdad durante el día, pido que esos pensamientos continúen en mi mente mientras duermo. Me encomiendo a ti para recibir tu protección contra todo ataque de Satanás y sus demonios durante el sueño. Protege mi mente de pesadillas. Rechazo todo temor y deposito toda ansiedad sobre ti, Señor. Me entrego a ti como mi roca, mi refugio y mi torre fuerte. Que tu paz esté sobre este lugar de descanso. En el poderoso nombre del Señor Jesucristo. **Amén.**

ORACIÓN POR EL HOGAR

Después de sacar y destruir todo objeto de falsa adoración, ora en voz alta en cada habitación, si fuese necesario:

Padre celestial, *reconozco que eres el Señor del cielo y de la tierra. En tu soberano poder y amor me permites disfrutar de todo cuanto me das. Gracias por este lugar donde vivo. Declaro mi casa como un refugio espiritual para mi familia y para mí, y pido tu protección contra todo ataque del enemigo. Como hijo de Dios, resucitado y sentado con Cristo en las regiones celestiales, ordeno a todo espíritu maligno (que reclame derecho sobre este lugar en base a lo que yo u otros hayan hecho aquí) que se vaya y que nunca regrese. Rechazo toda maldición o hechizo ligado a este lugar. Te pido, Padre Celestial, que pongas tus ángeles* guardianes sobre este lugar para protegerlo de todo intento del enemigo de entrar y obstaculizar tus propósitos para mí y para mi familia. Gracias, Señor, en el nombre de Jesucristo, por hacer esto. **Amén.**

ORACIÓN CUANDO SE VIVE EN UN AMBIENTE NO CRISTIANO

Después de sacar y destruir todo objeto de falsa adoración que sea tuyo, ora en voz alta sobre el lugar donde vives:

*Gracias, **Padre celestial**, por tener este lugar para vivir y ser renovado mediante el sueño. Te pido que apartes esta, mi habitación [o mi parte de ella] como un refugio espiritual para mí. Rechazo cualquier dominio otorgado a dioses o espíritus falsos por otros residentes. Rechazo cualquier reclamo de Satanás sobre este lugar en base a lo que otros residentes hayan hecho [o continúen haciendo] aquí. Como hijo de Dios y heredero con Cristo, quien tiene toda potestad en el cielo y en la tierra, ordeno a todo espíritu maligno que abandone este lugar y no regrese. Te pido, Padre celestial, que coloques tus santos ángeles guardianes para protegerme mientras vivo aquí. En el nombre de Jesús. **Amén.***

Pablo ora en Efesios 1:18-19: «Pido también que os sean iluminados los ojos del corazón para que sepáis a qué esperanza él os ha llamado, cuál es la riqueza de su gloriosa herencia entre los santos, y cuán incomparable es la grandeza de su poder a favor de los que creemos». Amado, eres hijo de Dios [ver 1 Juan 3:1-3], y «mi Dios suplirá todo lo que te falta conforme a sus riquezas en gloria en Cristo Jesús» [Filipenses 4:9]. Las necesidades fundamentales son las necesidades de «ser», tales como la vida eterna o espiritual que él te ha dado, y la identidad que tienes en Cristo. Además, Jesús ha suplido tus necesidades de aceptación, seguridad e importancia. Aprende de memoria y medita diariamente en las siguientes verdades.

Sigue caminando en la verdad de que tu identidad y valor derivan de quién eres en Cristo. Renueva tu mente con la verdad de que tu aceptación, seguridad e importancia reposan únicamente en Cristo.

Te recomendamos que medites diariamente en las verdades

de las siguientes páginas. Intenta leer toda la lista en voz alta, de mañana y de noche, durante las próximas semanas. Reflexiona en lo que estás leyendo y deja que tu corazón se regocije en la verdad.

En Cristo soy importante

Renuncio a la mentira de que soy insignificante, inadecuado, sin esperanza. En Cristo soy muy importante y especial. Dios dice que:

- Soy la sal de la tierra y la luz del mundo. [Mateo 5:13,14]
- Soy una rama de la vid verdadera, unido a Cristo , y un canal que transporta su vida. [Juan 15:1-5]
- Dios me ha elegido y destinado para llevar mucho fruto. [Juan 15:16]
- Soy testigo personal de Cristo, capacitado por el Espíritu Santo. [Hechos 1:8]
- Soy templo de Dios. [1 Corintios 3:16]
- Estoy en paz con Dios; Él me ha encargado trabajar para que otros encuentren paz con él. Soy ministro de reconciliación. [2 Corintios 5:17-21]
- Soy colaborador con Dios. [2 Corintios 6:1]
- Estoy sentado en lugares celestiales con Cristo Jesús. [Efesios 2:6]
- Soy hechura de Dios, creado para buenas obras. [Efesios 2:10]
- Puedo acercarme a Dios con libertad y confianza [Efesios 3:12]
- Puedo hacer todo por medio de Cristo que me fortalece [Filipenses 4:13]

En Cristo tengo plena seguridad

Renuncio a la mentira que soy culpable, desprotegido, estoy solo o abandonado. En Cristo tengo total seguridad. Dios dice que:

- Estoy exento para siempre de cualquier condenación (castigo) [Romanos 8:1,2]
- Todas las cosas cooperan para el bien de los que aman a Dios. [Romanos 8:28]
- Estoy libre de cualquier acusación contra mí. [Romanos 8:31-34]
- Nada puede separarme del amor de Dios. [Romanos 8:35-39]
- Dios me ha afirmado, ungido y sellado. [2 Corintios 1:21-22]
- Dios perfeccionará la buena obra que comenzó en mí.

[Filipenses 1:6]
- Soy ciudadano del cielo. [Filipenses 3:20]
- Estoy escondido con Cristo en Dios. [Colosenses 3:3]
- No se me ha dado espíritu de timidez, sino de poder, de amor y de dominio propio. [2 Timoteo 1:7]
- Puedo obtener gracia y misericordia en tiempos de necesidad. [Hebreos 4:16]
- He nacido de Dios y el maligno no me puede tocar. [1 Juan 5:18]

En Cristo soy aceptado

Renuncio a la mentira que soy rechazado, no amado o sucio. En Cristo, soy completamente aceptado. Dios dice que:
- Soy hijo de Dios. [Juan 1:12]
- Soy amigo de Cristo [Juan 15:15]
- He sido aceptado y hecho santo (justificado) por Dios. [Rom 5:1]
- Estoy unido al Señor, en un solo espíritu con él. [1 Corintios 6:17]
- He sido comprado por precio - pertenezco a Dios. [1 Corintios 6:19,20]
- Soy miembro del cuerpo de Cristo, parte de su familia. [1 Corintios 12:27]
- Soy uno de los santos de Jesucristo. [Efesios 1:1]
- He sido adoptado como hijo de Dios. [Efesios 1:5]
- Tengo acceso directo a Dios por el Espíritu Santo. [Efesios 2:18]
- He sido rescatado (redimido) y perdonado de todos mis pecados. [Colosenses 1:14]
- Estoy completo en Cristo. [Colosenses 2:10]

No soy el gran «Yo Soy»,
pero por la gracia de Dios soy lo que soy.

[Éxodo 3:14; Juan 8:24, 28, 58; 1 Corintios 15:10]

ACERCA DEL AUTOR

El doctor Neil T. Anderson es el fundador y presidente Emérito del Ministerio de Libertad en Cristo. Tiene más de 40 años de experiencia pastoral y de enseñanza, y anteriormente fue director del departamento de teología práctica del Seminario Teológico de Talbot de la Universidad de Biola. Tiene tres maestrías y dos doctorados de Talbot, la Universidad de Pepperdine y la Universidad del Estado de Arizona. Trabajó como ingeniero aeroespacial antes de entrar al ministerio. Neil es el autor o coautor de mas de 50 libros que enseñan cómo llevar una vida centrada en Cristo, incluyendo los libros best-selleres Victoria sobre la Oscuridad, Rompiendo las Cadenas, Discipulado en Consejería y El Mentor. Junto con su esposa Joanne, residen en Franklin, Tennessee en los Estados Unidos de América.

RECURSOS PRINCIPALES DE LIBERTAD EN CRISTO

Victoria sobre la Oscuridad (Editorial Unilit, 2002). Este libro tiene más de un millón de copias impresas, y es el primer paso en el entrenamiento básico del ministerio de discipulado en consejería. Te ayudará a resolver conflictos personales, conocer el poder de tu identidad en Cristo, librarte de las cargas del pasado, ganar la batalla por nuestra mente, experimentar la libertad emocional, y aprender a relacionarnos en Cristo. Originalmente publicado en inglés por Regal Books, 2000 con el título Victory over the Darkness.

Emergiendo de la Oscuridad, con Dave Park (Editorial Unilit, 1995). Esta es la edición juvenil de Victoria sobre la Oscuridad. Originalmente publicado en inglés por Regal Books, 1993 con el título Stomping out the Darkness.

Rompiendo las Cadenas (Editorial Unilit, 2001). Este libro tiene más de un millón de copias impresas, y es el segundo paso en el entrenamiento básico del ministerio de discipulado en consejería. Te ayudará a resolver los conflictos espirituales, cual es nuestra protección del enemigo, formas en que somos vulnerables y cómo vivir una vida libre en Cristo. Originalmente publicado en inglés por Harvest House Publishers, 2000 con el título The Bondage Breaker.

El Curso Libertad en Cristo (10 semanas). Este curso de 10 semanas cubre la enseñanza básica de Libertad en Cristo de modo claro y directo. Incluye un manual del líder, otro manual para el participante y también encontraras los videos doblados al español en nuestra plataforma de STREAMLIBERTAD (www.libertadencristo.org). Es una manera fácil y efectiva para cualquier iglesia que quiere implementar un proceso efectivo de hacer discípulos. El curso puede ayudar a todo cristiano a aferrarse a la verdad de quién es en Cristo, a resolver conflictos personales y espirituales, y a convertirse en un discípulo fructífero. Está diseñado para usarse óptimamente en grupos pequeños, pero se presta también para una serie de enseñanzas dominicales.

Los Pasos hacia la Libertad en Cristo. Nueva edición en español. Esta herramienta para el discipulado en consejería te ayudará a resolver tus conflictos personales e individuales. Originalmente publicado en inglés por Regal Books, 2004 con el título Steps to Freedom in Christ.

Discipulado en Consejería (Editorial Unilit 2007). Este libro es el entrenamiento avanzado para el ministerio de discipulado en consejería. Este libro combina la enseñanza de integración práctica de teología y psicología para ayudar a los creyentes a caminar en libertad a través del arrepentimiento y la fe en Dios.

Notas

INTRODUCCIÓN

1. San Marcos 1: 15
2. 2 Corintios 5: 17
3. Colosenses 1: 13
4. Efesios 2: 10

CAPITULO UNO: HISTORIA DE LA REDENCIÓN

5. Génesis 1: 1
6. Génesis 1: 26
7. Efesios 2: 1
8. Romanos 8: 22
9. Génesis 3: 14,15
10. Gálatas 3: 24
11. San Juan 8: 42; 14: 10; 17: 7
12. Romanos 3: 23
13. Hebreos 9: 22
14. 2 Corintios 5: 21
15. San Juan 10: 10
16. San Juan 6: 48
17. San Juan 14: 6
18. Actos 4: 12
19. San Juan 8: 32
20. San Juan 11: 25, 26
21. Efesios 2: 8, 9
22. San Juan 1: 12
23. 1 de San Juan 3: 1
24. San Mateo 6: 9
25. Romanos 8: 16
26. Filipenses 4: 19
27. 1 Corintios 15: 1-8
28. San Juan 14: 17
29. 1 de San Juan 3: 8
30. San Juan 16: 11
31. San Juan 12: 31
32. 1 de Juan 5: 19

33. Apocalipsis 12: 9
34. Colosenses 2:15
35. San Juan 8: 44
36. Efesios 2: 4-6
37. San Mateo 28: 18
38. San Mateo 28:19, 20
39. Efesios 6: 10
40. Hechos 26: 20
41. Hechos 2: 38, 39
42. Filipenses 4: 17
43. Romanos 10: 9, 10

CAPITULO DOS: COMO VENCER UNA ORIENTACIÓN ERRÓNEA

44. Proverbios 28: 13
45. San Mateo 3: 7, 8
46. Romanos 12: 2
47. 1 de Timoteo 4: 1
48. San Mateo 24: 24
49. 2 Corintios 11: 13-15
50. San Mateo 26: 63; San Juan 8:58; 1 de Corintios 3:11; Apocalipsis 19: 16
51. 2 de Corintios 4: 4; 11:3; 4: 14
52. Santiago 4:7
53. Efesios 1: 20, 21; Colosenses 2:15; 1 de Pedro 3: 22
54. Hechos 19: 11-16
55. 1 Corintios 6: 19; Filipenses 4: 19

CAPITULO TRES: COMO VENCER EL ENGAÑO

56. San Juan 8: 31, 32
57. Efesios 6: 14
58. Salmos 51: 6
59. Salmos 32: 2
60. 1 Juan 1: 6, 7
61. San Juan 8: 44
62. 2 Corintios 4: 4; Apocalipsis 12: 9
63. 2 Corintios 10: 4, 5
64. 1 Timoteo 4: 1

CAPITULO CUATRO: CÓMO VENCER LA ESCLAVITUD DE LA AMARGURA

65. Romanos 12: 19
66. Proverbios 14: 10
67. Colosenses 2: 18
68. 2 Corintios 10: 5
69. Hebreos 12: 15
70. Job 42: 6
71. Hebreos 12: 15
72. Job 42: 6
73. 2 Corintias 5: 21
74. San Mateos 26: 38
75. Efesios 4: 31, 32
76. 2 Corintios 2: 10, 11
77. Efesios 4: 26, 27, 31, 32
78. Romanos 6: 23
79. Tito 3: 4, 5
80. Efesios 2: 8
81. San Lucas 6: 36
82. 2 Pedro 1: 4
83. 1 Juan 4: 8
84. San Juan 13: 35
85. Romanos 8: 1
86. Hebreos 12: 15
87. Romanos 12: 18

CAPITULO CINCO: CÓMO COMBATIR LA REBELIÓN

88. San Marcos 6: 24
89. Génesis 3: 5
90. Gálatas 5: 23
91. 1 Samuel 15: 23
92. Romanos 13: 1, 2
93. Hechos 5: 29
94. Daniel 1: 9
95. San Marcos 6: 9-13
96. Hebreo 13: 17
97. Números 14: 11-19
98. 1 Timoteo 2: 1, 2

99. 1 Pedro 2: 18-20
100. San Marcos 6: 11
101. San Marcos 6: 12
102. Hechos 8: 23
103. San Marcos 6: 13
104. 1 Pedro 2:14
105. Daniel 6: 7
106. Santiago 1: 27
107. Efesios 5: 21
108. Efesios 5: 21-24; 1 Pedro 3: 1-6
109. Efesios 5: 25-33; 1 Pedro 3: 7
110. Colosenses 3:11
111. Gálatas 3: 28
112. San Marcos 20: 25-27
113. 1 Pedro 2: 1
114.1 Pedro 2: 2-17
115. 1 Pedro 2: 9, 10
116. 2 Pedro 3: 8-12
117. Santiago 4: 7

CAPITULO SEIS: CÓMO VENCER EL ORGULLO

118. Isaías 14: 13-15
119. San Marcos 6: 48
120. 2 Crónicas 26: 4
121. 1 Crónicas 10: 12
122. Colosenses 2: 18
123. Romanos 12: 3
124. 1 Corintios 15: 10
125. Filipenses 3: 3
126. San Juan 15: 8
127. San Marcos 5: 16
128. San Juan 15: 5
129. Efesios 3: 12
130. 2 Pedro 2: 10
131. 1 Juan 2:16
132. San Lucas 22: 31, 32
133. Efesios 1: 3-14
134. Efesios 1: 18
135. Santiago 4: 6

CAPITULO SIETE: CÓMO VENCER EL PECADO HABITUAL

CAPITULO OCHO: CÓMO VENCER LOS PECADOS DE LOS ANTEPASADOS

LIBERTAD EN CRISTO — OFICINA INTERNACIONAL
www.freedominchrist.org
+44 (0)118 321 8084

LIBERTAD EN CRISTO LATINOAMÉRICA
www.libertadencristo.org

LIBERTAD EN CRISTO ESTADOS UNIDOS
www.ficm.org — info@ficm.org
+1 865-342-4000

LIBERTAD EN CRISTO ESPAÑA
www.libertadencristo.es